Maxime Le Calvé
Übersetzung: Nike Wilhelms

GOLDEN PUDEL-ETHNOGRAPHIE

Kultur und soziale Praxis

Editorial

Die Reihe *Kultur und soziale Praxis* präsentiert sozial- und kulturwissenschaftliche Studien, die zwischen empirischer Forschung, theoretischer Reflexion / Konzeption und textueller Praxis neue Zugänge zu Kultur und sozialer Praxis entwickeln. Im Rahmen dieses Programms werden soziale Differenzen und identitäre Prozesse auf verschiedenen Ebenen und entlang verschiedener raumzeitlicher Achsen – etwa als (trans-)lokale oder (trans-)nationale Prozesse – untersucht.

Maxime Le Calvé ist Kunst- und Wissenschaftsanthropologe und arbeitet als Research Associate am Exzellenzcluster „Matters of Activity" der Humboldt-Universität zu Berlin. Er studierte Ethnologie in Paris Nanterre und promovierte 2018 in Sozialanthropologie an der EHESS (Paris) und in Theaterwissenschaft an der Freien Universität Berlin mit einer Dissertation über den Künstler Jonathan Meese. In seiner Forschung entwickelt er eine grafische Anthropologie neurochirurgischer Praktiken, wobei er die Zeichnung als Feldmethode einsetzt.

Maxime Le Calvé
Übersetzung: Nike Wilhelms

GOLDEN PUDEL-ETHNOGRAPHIE

ATMOSPHÄRE, NETZWERKE UND REPUTATION IN EINEM HAMBURGER NACHTCLUB

[transcript]

Die Veröffentlichung wurde gefördert aus dem Open-Access-Publikationsfonds der Humboldt-Universität zu Berlin.
Der Autor dankt für die Unterstützung des Exzellenzclusters „Matters of Activity. Image Space Material", gefördert durch die Deutsche Forschungsgemeinschaft (DFG) im Rahmen der Exzellenzstrategie des Bundes und der Länder — EXC 2025 — 390648296.

Matters of Activity Image Space Material

Gefördert durch

Bibliografische Information der Deutschen Nationalbibliothek
Die Deutsche Nationalbibliothek verzeichnet diese Publikation in der Deutschen Nationalbibliografie; detaillierte bibliografische Daten sind im Internet über https://dnb.dnb.de/ abrufbar.

transcript Verlag, Hermannstraße 26, D-33602 Bielefeld, live@transcript-verlag.de
Umschlaggestaltung: Caroline Lei
Umschlagabbildung: Maxime Le Calvé
Korrektorat: Anette Nagel
Übersetzer: Nike Wilhelms
Design: Caroline Lei
Satz: Caroline Lei
Projekt Assistenz: Mudar Al-Khufash
Druck: Druckhaus Bechstein GmbH, Wetzlar
https://doi.org/10.14361/9783839472699
Print-ISBN: 978-3-8376-7269-5
PDF-ISBN: 978-3-8394-7269-9
Buchreihen-ISSN: 2703-0024
Buchreihen-eISSN: 2703-0032

Gedruckt auf alterungsbeständigem Papier
mit chlorfrei gebleichtem Zellstoff.

Danksagung

Dieser Text hat mich lange begleitet; er wurde größtenteils vor etwa zehn Jahren geschrieben. Das Buch hat gewissermaßen mich geschrieben. Im Nachwort werden einige Aspekte meines Vorgehens und die Gründe, warum ich mich entschieden habe, den Text heute zu veröffentlichen, näher erläutert. Insbesondere verdanke ich meinen derzeitigen Arbeitgeber*innen, dem Exzellenzcluster „Matters of Activity" an der Humboldt-Universität zu Berlin, Wolfgang Schäffner, Claudia Mareis, Horst Bredekamp und Peter Fratzl, dass ich das Vertrauen — und die Mittel — gefunden habe, den Text in die Welt zu entsenden, mit all seinen Unzulänglichkeiten, aber auch seiner Beherztheit.

Damals habe ich Freund*innen kennengelernt, die nicht nur mein Gestammel auf Deutsch akzeptierten, ohne dabei jemals die Geduld zu verlieren, sondern mich während meiner Feldforschung auch immer wieder bei sich zu Hause aufnahmen. Vielen Dank an Ina, Sandro, Edvin und natürlich auch an Pia.

Im Pudel wurde ich mit einer Mischung aus Großzügigkeit und Misstrauen empfangen: Was sind die wahren Absichten dieses so freundlichen jungen Menschen, der sich außerdem noch nützlich machen will? Sicherlich zu „pleasing" für ihren Geschmack. Aber die großen Herzen von Viktor Marek, Sebastian Reier, DJ Patex, Bertile Rigois, Ulli Koch und Eva Maria Hoerpel haben mir mein Ankommen erleichtert. Die Künstler*innen Margit Czenki und Christoph Schäfer schenkten mir ebenfalls viel ihrer Zeit, erzählten mir von Park Fiction, Margit lieh mir einen Dokumentarfilm auf DVD, deren Cover ich damals verloren habe — ich mache mir bis heute Vorwürfe deswegen. Ich erinnere mich noch gut an ein langes Gespräch mit Felix Kubin in seinem Studio. Und an einen Kaffee mit Schorsch Kamerun. Danke an Charlotte für die Zeit, die sie mir gewidmet hat — das Hörspiel, das sie 2013 produziert hat, ist eine fantastische Quelle und der perfekte Soundtrack für dieses Buch. Durch ihre journalistische Recherche innerhalb des Kollektivs, in dem sie seit 2003 eine Schlüsselrolle spielte, konnte ich mich rückversichern, dass meine Argumentation schlüssig war. Auch Ralf schenkte mir ein wenig Aufmerksamkeit, ich fühlte mich geehrt. Alex Solman erzählte mir von seinem Leben als Illustrator, erlaubte mir, seine Illustrationen zu verwenden, und arbeitete freundlicherweise an der Erstellung dieses Buches mit. Superdefekt hat mich ab und zu zum Tanzen gebracht — übrigens haben fast alle oben erwähnten Menschen während meiner Feldstudie abwechselnd die Plattenteller bedient.

Auch Roberto Ohrt hörte mir geduldig zu, als ich bereits über die Veröffentlichung des Textes nachdachte. Und vor allem tätigte er den Anruf, der es mir ermöglichte, meine darauf folgende Untersuchung bei Jonathan Meese zu beginnen. Die anschließende Zeit war für meinen weiteren Werdegang ganz entscheidend. Ich danke beiden.

Für ihre Kommentare zu einer früheren Version dieses Textes: Mein besonderer Dank gilt Michael Houseman, Despina Liolios sowie Sophie Houdart und unserem „Créalab" am LESC (Universität Paris Nanterre) für ihre wertvolle Lehre und Ratschläge im Rahmen dieser Studie. Für die finanzielle Unterstützung und den kreativ-kuratorischen Einfluss möchte ich der Object Space Agency am Exzellenzcluster „Matters of Activity" danken: Natalija Miodragović, Nina Samuel, Clemens Winkler, Christian Stein, Claudia Blümle und Yoonha Kim. Die letzten Jahre im Cluster haben meine Arbeitsweise und meine Art zu schreiben verändert. Ich danke meinen Kolleg*innen im Cutting-Projekt, insbesondere Thomas Picht und Patricia Ribault, für das Vertrauen, das sie mir entgegengebracht haben, und den studentischen Hilfskräften Anne Delle und Mudar Al-Khufash für ihre Zeit, Freundschaft und Energie. Kerstin Germer und später Elisabeth Obermeier haben das Projekt geduldig begleitet und unterstützt. Ohne sie wäre die Entstehung dieses Buches anders verlaufen: Ich wäre sicherlich nicht dort, wo ich jetzt bin.

Last but not least möchte ich mich bei Nike Wilhelms für ihre Übersetzung bedanken — dafür werde ich ihr ewig dankbar sein. Diese Veröffentlichung wäre ohne sie nicht möglich gewesen. Die Designerin Caroline Lei übernahm die Gestaltung für dieses Buch, das wir an ein breiteres Publikum richten möchten als an die sonst übliche sozialwissenschaftliche Leser*innenschaft. Merci!

Und vor allem verdanke ich Ignacia und Theodore die Freude, mich Tag für Tag weiterzuentwickeln — im Schreiben sowie so vielen anderen ebenso faszinierenden Dingen.

Danksagung →6

Einleitung →10

1
Ein erstaunlicher Ort, der sein Publikum beflügelt →19

1.1 Lichter und Anwesenheit von Licht →30
1.2 Die Dekoration oder ihr Nichtvorhandensein →31
1.3 Das Clubpublikum →33
1.3.1 Anderswo →36
1.3.2 Im Pudel →36
1.4 Das Barpersonal und seine Rolle bei der Regulierung der Atmosphäre →40
1.5 Die Musik und ihre Zyklen →45
1.6 Ein Kulturkonflikt? →52
1.7 Burn to be alive →53

2
Das Netzwerk und sein Agens: Der Pudel und seine Werke →57

2.1 Das Netzwerk innerhalb des Ereignisses →58
2.1.1 Wer sind die „residents" des Pudels? →58
2.1.2 Das Netzwerk, ein Konzept der stetigen Veränderung →60
2.1.3 Das Netzwerk als Reservoir der „zu vollbringenden Werke" →62
2.1.4 Dem Ereignis einen Anlass geben, es vollbringen →63
2.2 Pudel Produkte: Auf den Spuren des Pudel-Netzwerks →66
2.3 Der Pudel-Effekt auf das Netzwerk der Agenzien →70
2.3.1 Erweiterung des Reservoirs des „zu vollbringenden Werkes" →70
2.3.2 Beispiel: DJ Patex und das plötzliche Auftauchen der „School of Zuversicht" →71
2.4 Die Pudel-Clique und das Pudel-Agens: das Netzwerk als charakteristisches Merkmal →76

3
Reputation und Vermittlungstechniken →81

3.1 Vermittlungstechniken →83
3.1.1 Ethnomethoden →84
3.1.2 Künstlerische Techniken oder Verzauberungstechniken →87
3.2 Die durch das Agens in die Praxis umgesetzte Reputation →89
3.2.1 Breaching experiments: Ralf und seine magischen Techniken →91
3.2.2 Ralf und das Pudel-Framework →92
3.3 Verzauberungstechniken und Reputation des Agens →94

4
Der Pudel-Stil: Wie Spontaneität und Autorität erzeugt werden →99

4.1 Wozu der Stil uns veranlasst: die Vollbringung des Werkes →101
4.2 Kultur und Stil →113
4.2.1 Stil als Wiedererkennungsmerkmal: Kultur als Stil →113
4.2.2 Stil als Subkultur: Pudel-Punk →117
4.2.3 Stil als Zeichen von Originalität und Besonderheit →120
4.3 Stil als Handlung und Handlungskonfiguration →121
4.3.1 Stil als Handlung der Werkproduktion →121
4.3.2 Stil als Handlungskonfiguration →122

5
Der Zauberhafe Pudel: Ironie als Kompetenz →127

5.1 Pudel-Punk →129
5.1.1 Reflexivität in der Subkultur: Punkironie →129
5.1.2 Margit Czenki: Von der R.A.F. zum Fun-Punk →132
5.1.3 Punk-Ironie und der Pudel Club →133
5.2 Der Pudel und die zeitgenössische Kunst →134
5.2.1 Die Akademie Isotrop: der Pudel als Künstler*in →134
5.2.2 Pudel Art Basel: Ein Fall von Implementierung „pudeltypischer" Techniken →136
5.3 Ironie als Verzauberungstechnik →138
5.3.1 Wirksamkeit von Ironie als rhetorischer Technik →138
5.3.2 Authentisches und spontanes Handeln →141
5.4 Quatsch in der Praxis →142
5.4.1 Konstruktion einer ironischen „Pudel-Äußerung" →142
5.4.2 Beugung ritueller Identität und Vermittlungseffekte →146
5.5 Alex Solman: Ein begnadeter Illustrator →147

Fazit: Pudelatmosphäre →153

Nachwort: Eine Anthropologie atmosphärischen Designs →160

Zurück auf dem Feld →161
Warum gerade jetzt? →167

Literaturverzeichnis →176

Einleitung

0.1 →
Pudel Art Basel Plakat,
Kunstauktion gegen Gentrifizierung
im Pudel Club.
Künstler: CIA Alex, August 2009.

Meine erste Begegnung mit dem Golden Pudel Club geht auf den Sommer des Jahres 2008 zurück. Ich lebte damals für einige Monate in Hamburg, und eine Freundin zeigte mir das Nachtleben der Stadt. Oberflächlich betrachtet ist der Pudel an Samstagabenden ein Club wie jeder andere, vielleicht ein wenig abwechslungsreicher, die Musik ist hier besser als anderswo und der Ort ist angenehm, wenn auch recht spartanisch eingerichtet. Da ich unter der Woche abends oft alleine war, hatte ich es mir zur Gewohnheit gemacht, durch das Rotlichtviertel von St. Pauli zu schlendern, um schließlich am Hafen anzukommen und sein faszinierendes Lichtspiel zu betrachten. Auf dem Rückweg meiner nächtlichen Streifzüge mochte ich es sehr, — manchmal auch nur für eine Stunde — der experimentellen Elektromusik zu lauschen: Die wummernden, rhythmisch-abgehackten Bässe lockten mich an diesen Ort, der immer geöffnet war und über den ich nichts wusste.

Obwohl mich die Ethnologie des näheren Umfeldes mehr interessierte als die des ferneren, wollte ich doch ins Ausland aufbrechen, um mein Forschungsgebiet genauer abzustecken. Auf der Suche nach einem exotischen, aber urbanen Thema fiel meine Wahl 2010 auf Hamburg und das Viertel St. Pauli als Ausgangspunkt. Vor allem, weil ich die Stadt ein wenig kannte und weil viele urbane Phänomene, die Ethnolog*innen an Städten begeistern, hier besonders gut erkennbar sind – angefangen bei der (damals sehr in Mode gekommenen) „Gentrifizierung". Ich wollte bewusst nicht dieses etwas zu gefällige Thema wählen, das voller marxistischer Lehren steckte und einem kritischen Diskurs, der sich in der Regel schnell selbst widerspricht. Übrigens hat die Art und Weise einiger Akteur*innen des Viertels, die sich gerne über diese Widersprüche lustig machen, mich zu dem geführt, wonach ich gesucht hatte: eine wahre Fundgrube erhellender Paradoxien, pures Sozialwissenschaftler*innen-Gold, ein wahrer Schatz für Ethnolog*innen auf der Suche nach einem Forschungsgegenstand.

Zunächst hatte ein Plattencover, das in einem Schaufenster des Golden Pudels zum Verkauf stand, mein Interesse geweckt. Ein Spruch über Gentrifizierung zierte das Cover, der komplett ironisch gemeint und dabei vollkommen inhaltsleer war. Damals erlaubten meine Deutschkenntnisse es mir noch nicht, Feinheiten zu verstehen, aber mir wurde in dem Moment klar, dass es gar nicht nötig war, alles zu verstehen: Ich war hin und weg. Ich hatte das Gefühl, dass sich hier in diesem Club, in diesem Holzhäuschen mit Pudeltotem, etwas viel Interessanteres abspielte. Das Kollektiv „Es regnet Kaviar", das dem Pudel nahestand, hatte ein sehr lustiges Video produziert, mit dem sogenannten „Abwertungskit": eine Anleitung, um sein eigenes Viertel abzuwerten und „sich selbst" die Miete zu senken (Motto: „Ich drücke meine Miete selber"). Was mich an diesem Video beeindruckte, war der Humor, der eben genau mit den unlösbaren Fragen des schwierigen Themas Gentrifizierung spielte: Kunst und soziale Gleichheit passen nicht so gut zusammen. Auch hier war der ironische Unterton bissig. Das Video schien mir sehr gelungen, da sich seine Botschaft deutlich von der langweiliger kritischer Aktivist*innen unterschied. Als ich der künstlerischen Produktion des Pudels weiter auf den Grund ging, fiel mir auf, dass diese Art von Humor sowohl in der Bildproduktion als auch in der Musik sehr präsent war.

Ursprünglich war meine Idee, eine Analyse dieser Werke vorzunehmen, ihre dialektischen Mechanismen und ihre Symbolkraft zu erforschen. Ich verwarf den Ansatz jedoch wieder, da es sich um eine zu komplexe Aufgabe handelte und die Reaktion der Ethnolog*innen in Nanterre, denen ich mein Vorhaben der Symbolproduktion vorstellte, nicht gerade enthusiastisch war. Während ich also nach einem Beispiel suchte, das zu meiner Analyse passen könnte, beschäftigte ich mich mit der 2009 und 2010 vom Pudel organisierten „Anti Gentrifizierungs-Kunstauktion". Das Ereignis war schwer zu beschreiben: War es ein Werk? Und wenn ja, wessen Werk war es? War es Aktivismus? Kunst? Wie funktioniert es? Wollte ich diese Situation als Werk untersuchen, musste ich auch seine Funktionsmechanismen in Betracht ziehen und seine Gestalt, die es vermochte, die Akteur*innen rund um diese freundliche Maskerade zu mobilisieren. Ich hatte meinen Zugang gefunden, der Pudel war also zu meinem Studienobjekt geworden. Mit Hilfe einiger Freund*innen, die ich vor Ort kennengelernt hatte, begann ich mit meinen Beobachtungen und Gesprächen.

Mir wurde schnell klar, dass das kein einfaches Terrain sein würde. Zunächst gab es da die klassischen Schwierigkeiten, die der Beruf mit sich bringt: die Stellung des/der/* Ethnolog*in, die seinen/ihren/* Befragten nichts bringt — außer seinem/ihrem/* Lächeln und den gemeinsamen Unterhaltungen — und der/die/* sich aufgrund der vertraglichen Vereinbarungen mit den Universitäten dazu verpflichtet, eine Arbeit zu erstellen, die für die Befragten oft unlesbar ist. Bei konventionelleren ethnografischen Forschungen ist das erstaunlicherweise unproblematisch. In meinem Fall hingegen beherrschen die Proband*innen ihre Diskurse perfekt und, da sie immer sehr beschäftigt sind, genießen als Künstler*innen eine dem/der/* Wissenschaftler*in überlegene soziale Position, und a fortiori dem/der/* angehenden Wissenschaftler*in. Im Sprachgebrauch der angelsächsischen Anthropologie bezeichnet man diese Situation als ein „study up": Der/Die/* Ethnolog*in kann sich nicht auf seinen/ihren/* höheren Status berufen, um auf die Mitarbeit der Einheimischen zählen zu können.

Und schließlich war mir die Welt der elektronischen Musik fremd; die gefühlskalte französische Nachtclubszene hatte mich nie sonderlich dazu animiert, dort meine Abende zu verbringen: Ich bin weder ein Clubber noch ein großartiger Partygänger. Nächtelang im Pudel meine Beobachtungen anzustellen, kostete mich viel Energie — eine Energie, die ich aus dem Koffein von Club Mates und anderen Softdrinks schöpfte. Glücklicherweise ist die Musik dort besonders angenehm. Und natürlich habe ich vor Ort unheimlich nette Menschen getroffen, die mir geduldig etwas über ihren Pudel erzählten, mich zu ihren Aktivitäten mitnahmen und sich mit mir anfreundeten. Dank ihnen, den formellen und informellen Gesprächen und meinen Beobachtungen vor Ort konnte ich mir eine Vorstellung davon machen, was die Institution Golden Pudel Club für Hamburg und die internationale elektronische Musikszene bedeutet.

Anschließend beschäftigte ich mich mit der künstlerischen Produktion seiner historischen Akteur*innen: Lieder, Romane und Theaterstücke der beiden Gründer, die riesige Bildproduktion der zur Gruppe gehörenden Maler*innen und vor allem die extrem umfangreiche Plattensammlung, die die zwanzigjährige Produktionsgeschichte unzähliger Akteur*innen veranschaulicht, die ich im Laufe meiner Forschung nach und nach entdeckte. Dabei interessierten mich weniger die vollendeten, bekannten Werke als vielmehr die Objekte und Situationen, die von den Akteur*innen nicht direkt als Kunst betrachtet wurden; das, was sozusagen im Entwurfszustand, als Spaß übrig blieb. Dazu gehören insbesondere die Pudel Art Basel, aber auch der Newsletter des Clubs oder Veranstaltungen, Anekdoten. Schließlich schien mir der Produktionsbereich von Werken, durch die aktive Pudel-Mitglieder als Kollektiv in Erscheinung treten, meine Untersuchung ausreichend einzugrenzen. Jene Auswahl führte meine Studie in die Gegenwart, zu den Praktiken, die zum Funktionieren des Clubs beitragen. Wie ist der Erfolg des Pudels und seiner Akteur*innen zu erklären?

Mit den konzeptuellen Instrumenten der klassischen Ethnologie und Soziologie ließ sich diese zarte und flüchtige soziale Realität nicht greifen: Die Inventarisierung und Kategorisierung halfen mir nicht, das Phänomen zu erfassen, das mich interessierte. Außerdem wurde diese Vorgehensweise von der Pudel-Community als Inquisition empfunden. Ich brauchte einen theoretischen Rahmen, in dem sich meine Proband*innen nicht als alleinige Verantwortliche ihrer Entscheidungen — oder, schlimmer noch, verantwortungslos — fühlten, da sie komplett fremdbestimmt waren.

Die Werke von Bruno Latour[→1] haben meine Arbeit stark beeinflusst, da ich durch sie verstanden habe, wie nicht-menschliche Akteur*innen an der Entstehung von Ereignissen beteiligt waren: Der Ort mit seinem Gebäude und seiner Körperlichkeit, die Atmosphäre, die Schallplatten, der Pudel selbst sind in meinem Beisein zu wichtigen Akteur*innen geworden. Auch möchte ich Sie von vornherein darüber in Kenntnis setzen, dass ich den Begriff „Agens“ verwenden werde, um die Gesamtheit jener menschlichen und nicht-menschlichen Akteur*innen zu bezeichnen. In meiner Arbeit werde ich nicht von „Patienten“ sprechen: Alle Entitäten sind aktiv, sie sind alle Agenzien und sie werden alle wiederum aus Agenzien gebildet, die dank technischer Vermittlung miteinander verbunden sind. Das Werk ist ein Agens und das Agens ist ein Werk, nicht nur seiner selbst, sondern auch all jener, die zu seiner Existenz beitragen.

Unterdessen lautet die zentrale Fragestellung, wie diese Agenzien im Golden

[→1] Insbesondere: Bruno Latour, *Pandora's Hope: Essays on the Reality of Science Studies* (Harvard University Press, 1999); Bruno Latour, *Reassembling the Social: An Introduction to Actor-Network-Theory* (OUP Oxford, 2005); Bruno Latour, *An Inquiry Into Modes of Existence* (Harvard University Press, 2013).

Pudel Gestalt annehmen: egal, ob es sich dabei um gerade entstehende Personen oder um Musikstücke im Produktionsprozess handelt. Diese Arbeit über das Entstehen von Agenzien und Werken hat mich zwar sehr theoretische, aber äußerst fruchtbare Überlegungen anstellen lassen. Leser*innen können sich glücklich schätzen, dass ich durch die Entdeckung des Werkes von Étienne Souriau, in einer Neuauflage von Isabelle Stengers und Bruno Latour,[→2] die technische Fachsprache, die ich zur Beschreibung dieser Transformationseffekte konstruiert hatte, durch die nachvollziehbaren Konzepte dieses französischen Philosophen ersetzen konnte. „Das zu vollbringende Werk" nimmt somit eine wichtige Funktion bei der Beweisführung ein und ist ein guter Ersatz des Begriffs „mögliche Artikulation". Das Verb „errichten" (instaurer) hat das Verb „zusammensetzen" (assembler) ersetzt, mit dem ich die Art und Weise bezeichnete, wie die Agenzien ein neues Werk hervorbringen, indem sie sich miteinander verbinden und im Laufe der Handlung die definitive Form als Ergebnis ihrer Begegnung bestimmen. Mit dem Gelingen des Agens geht unweigerlich ein Existenzüberschuss einher: Bei Souriau geben sich die Wesen nicht mit ihrer bloßen Existenz zufrieden, sondern sie existieren nur ungefähr, manche fast gar nicht. Der Pudel existiert so was von! Die Handlung seiner Agenzien hält eine Atmosphäre aufrecht, die das In-Gang-Setzen einer begründenden Handlung begünstigt; eine solche bindet Agenzien aneinander und hält jene zusammen, die hochkompetent darin sind, sowohl neue Werke hervorzubringen als auch alle auf Distanz zu halten, die aufgrund von zu strikten Erwartungen das Entgegennehmen von aus der Handlung und ihren spontanen Werken entstehenden „Überraschungsgeschenken" torpedieren könnten.

Eine der größten Herausforderungen der Untersuchung besteht darin, die Atmosphäre des Golden Pudel Clubs zu beschreiben, d. h. was sie ermöglicht und was sie ausmacht. Wir werden uns besonders für die Art und Weise interessieren, wie Clubmitglieder die Atmosphäre erfahren, wie sie sie aufrechterhalten und wie sich ihre eigene Aura im Laufe ihrer Entwicklung in der Clubatmosphäre verändert. Dafür werden wir insbesondere das Ästhetikkonzept der Atmosphären verwenden, wie es von dem deutschen Philosophen Gernot Böhme[→3] vorgeschlagen wird, das sowohl von der Soziologie[→4] als auch der Architektur[→5] aufgegriffen wurde, um dem Begriff des Raumes eine greifbare Dimension zu verleihen. Das Konzept der Atmosphäre sollte die Sozialwissenschaften von heute vor allem deshalb beschäftigen, weil es die Subjekt-Objekt-Dichotomie zu unterlaufen vermag, indem es die Notwendigkeit

[→2] Étienne Souriau, *Die verschiedenen Modi der Existenz* (Meson Press, 2015).
[→3] Gernot Böhme, *Atmosphäre: Essays zur neuen Ästhetik* (Frankfurt a. M.: Suhrkamp, 1995).
[→4] Martina Löw, „The Constitution of Space The Structuration of Spaces Through the Simultaneity of Effect and Perception", *European Journal of Social Theory* 11, Nr. 1 (2009), 25–49.
[→5] Jean-Paul Thibaud, „L'horizon des ambiances urbaines", *Communications*, Nr. 73 (2002), 185, https://doi.org/10.3406/comm.2002.2119.
[→6] Böhme, *Atmosphäre: Essays zur neuen Ästhetik*, 29.
[→7] Mathieu Claveyrolas, *Quand le temple prend vie: atmosphère et dévotion à Bénarès*, Monde indien, Sciences sociales, 15e–20e

aufzeigt, die Handlungsumgebung und die Disposition der Menschen — oder sogar von Institutionen — zusammenzudenken.[→6]

In der Anthropologie gibt es ein weiteres Werk, das sich dem Studium der Atmosphäre eines Ortes widmet: Mathieu Claveyrolas' Buch über einen Tempel in Südindien.[→7] Auch er widmet sich der Erforschung von Details und Alltagssituationen, um in seinem Fall eine Atmosphäre der Religiosität zu untersuchen. In dieser Hinsicht stehen unsere Arbeiten in der Tradition von Albert Piette und einer „Ethnografie des Handelns", die die Aufmerksamkeit auf das Detail richtet,[→8] ohne sich jedoch nur auf Alltagshandlungen zu beschränken, „um über ein kulturell geteiltes Phänomen zu berichten".[→9] Wir werden nicht von einer Anbetung des Pudels sprechen ... Obwohl die Atmosphäre jener von Mathieu Claveyrolas in den Tempeln beschriebenen sehr ähnlich ist, sie im Zentrum der Aufmerksamkeit steht, trägt sie doch zur Schaffung gewisser Dispositionen bei, die sich auch die Gläubigen des indischen Tempels erhoffen: eine aufrichtigere Beziehung zum anderen und zu sich selbst zu schaffen, sowie die Akzeptanz und sogar die Verehrung von Zufälligkeiten, die einigen seiner Mitglieder Zugang zu spontaner Schaffenskraft und Glück verschaffen, eine Tatsache, die der Golden Pudel ermöglicht. Was uns zu meiner Ausgangsthese zurückbringt: Dieser Club bringt Personen hervor, um genauer zu sein, Personen, die dazu in der Lage sind, sich selbst zu verwirklichen.

Während ich den Prozess des Menschwerdens untersuchte, kam ich zu einem Gebiet, das normalerweise der Ethnologie vorbehalten ist: dem des Rituals. Insbesondere Michael Housemans Seminare an der EPHE (École Pratique des Hautes Études) haben mich davon überzeugt, die Untersuchung psychologischer Faktoren vollkommen außen vor zu lassen, wenn es darum geht, Handlungen zu erklären. Die Analyserahmen des Rituals wurden während meiner Beobachtungen im Pudel jedoch aufgrund der sich ständig verändernden Dispositive, derer sich seine Agenzien für ihre flüchtigen Werke bedienen, außer Kraft gesetzt. Nach der Lektüre von Julien Bonhommes Dissertation schien mir der pragmatische Ansatz der naheliegendste für mein Vorhaben zu sein; auch Bonhomme wurde mit immer neuen Erfindungen, Diskursen und komplizierten Ritualen konfrontiert, die die Wahrsager der Bwete (Initiationsgesellschaft aus dem Gabun) in Hülle und Fülle hervorbringen, indem sie ihnen eine äußerst reale Authentizität und Wirksamkeit verleihen. Und damit nicht genug: Ich fand in seiner Erhebung einige Schlüssel, um die Wirksamkeit ironischer Beziehungen zu verstehen, die mich so sehr faszinierten. Um in der Vielfalt der Symbole nicht den Überblick zu verlieren, wählte er eine Form,

siècle (Paris: CNRS éd. Paris, 2003).
[→8] Albert Piette, *Ethnographie de l'action: l'observation des détails*, Collection Leçons de choses (Editions Métailié, 1996).
[→9] Claveyrolas, *Quand le temple prend vie: athmosphère et dévotion à Bénarès*, 18.

ein Beziehungssystem, das die Äußerung dieser Diskurse, Initiations- und Wahrsagerituale ermöglicht. Durch Konzentration auf die Form bei gleichzeitigem Verzicht auf die Interpretation von Inhalten verweigert die pragmatische Bewegung der Anthropologie die Exegese und vermeidet es so, das gleiche Spiel wie die Akteur*innen zu spielen, indem sie, wie die Akteur*innen selbst, einen durch das Dispositiv vorgeschriebenen Diskurs produziert.

Indem ich mich auf die Praktiken konzentriert habe, sowohl in der direkten Beobachtung als auch durch Berücksichtigung der Schilderung von Akteur*innen über ihre Praktiken, konnte ich nach und nach die Beschaffenheit „pudeltypischer" Handlungsweisen freilegen. Zu diesem Zweck habe ich mich für ein Modell entschieden, das nach und nach durch den Kontakt mit den Gegebenheiten vor Ort und abschließend durch die Reaktionen der Akteur*innen auf die Zusammenfassung meiner Schlussfolgerungen feinjustiert wurde. Ganz gleich, wie genau die Analysekategorien sein mögen, und trotz der sorgfältigen Arbeit, die gewährleisten soll, dass die verwendeten Begriffe den Praktiken der Akteur*innen möglichst nahekommen, entzieht sich die Realität immer ein Stück weit der Theorie. Das Modell, mit dessen Hilfe ich diese Arbeit strukturiert habe, soll in erster Linie als Werkzeug und nicht als gelebte Realität verstanden werden. Es ermöglicht uns, die Dynamik des Pudel Clubs und die Produktion seiner menschlichen und nicht-menschlichen Agenzien genau zu beschreiben und zu verdeutlichen, und zwar anhand der folgenden drei Kategorien: Netzwerk, Reputation und Stil.

Im ersten Kapitel beschreibe ich mithilfe eines phänomenografischen Ansatzes den Ort und dessen Atmosphäre in seiner materiellen und körperlichen Ausprägung: zunächst die Einrichtung, dann auch das Publikum, den Barbetrieb und gebe einen ersten Einblick in das musikalische Moment. Ich veranschauliche den Leser*innen, was das Besondere am Pudel im Vergleich zu konventionelleren Clubs ist. Das Kapitel schließt mit einem Bericht über die letzten Meilensteine des Clublebens, der eine Grenze zwischen dem Inner Circle des Clubs und der Außenwelt aufzeigt.

In einem zweiten Schritt untersuche ich Netzwerk und Reputation und bilde neue Definitionen dieser Begrifflichkeiten, um sie in der Analyse der sich gerade vollziehenden Handlung zu funktionalisieren. Im zweiten Kapitel stelle ich die Funktionsweise des Netzwerkes innerhalb des Ereignisses (Clubveranstaltung) vor. Außerdem verfolgen wir die Spur des Golden Pudels und seines Netzwerkes durch die vom Pudelkollektiv produzierten Schallplatten. Der Pudeleffekt, den man im Laufe der Entwicklung des Agenziennetzwerks beobachten kann, wird am Beispiel einer lokalen Künstlerin verdeutlicht.

Im dritten Kapitel widmen wir uns der Reputation der Agenzien und den Techniken, auf denen sie basiert. Es findet eine Annäherung an außergewöhnliche Ethnomethoden und gewöhnliche Verzauberungstechniken statt, die schließlich verdichtet werden, um die Reputation in der Praxis zu veranschaulichen.

Der dritte Teil beschäftigt sich mit dem Stil — ein Begriff, der in zwei Kapiteln analysiert und definiert wird. Im vierten Kapitel stelle ich eine Übung im Stil des Pudels vor, indem ich den Produktionsprozess einer Performance von Viktor Marek und Booty Carrell beschreibe. Anschließend gebe ich einen kurzen Überblick über die Verwendung des Stilbegriffs in Anthropologie und Soziologie, dann definiere ich den Stilbegriff als „Handlung, die im Begriff ist“, als Handlung sowie als Gestalt annehmende Handlung, wobei ich den ersten charakteristischen Aspekt des „pudeltypischen“ Stils anführe. Im fünften Kapitel wird schließlich die Ironie als Stilmittel und Kompetenz untersucht. Indem wir die Herkunft der für die ironische Handlung erforderlichen Reflexivität beschreiben, überprüfen wir genau die unterschiedlichen Arten, die diese Art von Humor im Werk des Pudels und in dem seiner Agenzien annimmt. Ich definiere Ironie demnach als eine Verzauberungstechnik und beschreibe das Beziehungsgeflecht, durch das sie an der Prägung einer authentischen und spontanen Handlung beteiligt ist. Die kollektive Umsetzung des Stils wird dann durch die Darstellung der Akteur*innen analysiert; in einem zweiten Schritt werden die Effekte der Identitätsbeugung berücksichtigt, die durch die Zugehörigkeit des Subjektes zum Pudelkollektiv(wesen) ermöglicht werden.

1
Ein erstaunlicher Ort, der sein Publikum beflügelt

1.1 →
Nächtliche Ankunft am Pudel, im Hintergrund die Lichter des Hafens. Foto und digitale Bearbeitung vom Autor, 2012.

Wir erreichen den Pudel mitten in der Nacht. Nur wenige kommen vor ein Uhr morgens hierher. Die Straßen des Viertels sind gut beleuchtet, aber Park Fiction, ein Gemeinschaftspark und Kunstobjekt, ist es nicht. Der Pudel Club scheint in Finsternis gehüllt, inmitten des düsteren Parks. Die bunten Hafenlichter jenseits des nahe gelegenen Flusses verwandeln die Ankunft am Pudel in einen plötzlichen Moment des Staunens angesichts der Unermesslichkeit der Industrieanlagen; all das wird noch durch die Stille dieses Teils des Stadtviertels, mit seiner alten Kirche und seinem kleinen Friedhof, verstärkt.

Vielleicht ist schon eine diffuse, aber sich wiederholende Bassline zu hören, das Dach des Holzhauses wird erkennbar, in dem sich auf Gartenebene Club, Bar, Tanzfläche und Terrasse befinden. Eine lange Treppe führt uns zum Eingang der überdachten Terrasse, die von einem niedrigen Bretterzaun umgeben ist. Gruppen diskutierender Menschen im Freien. Sie rauchen und trinken Bier. Eine Holzbank verläuft entlang der Wände. Einige sitzen, die meisten stehen. Ein einfaches Blatt Papier ist mit Tesa an einem Pfosten befestigt, darauf der Eintrittspreis und der Name des/der/* DJ*s. Ein paar Euro sind an einem Tresen zu zahlen. Ein Stempel wird auf die Hand gedrückt und man macht die kleine Flügeltür auf, die als Durchgangsschleuse fungiert. Auf der rechten Seite des Eingangs, in einem Raum, der an den Hauptsaal angrenzt, befindet sich die Bar: vier Meter lang und gut beleuchtet, eine kurze Reihe von hohen Hockern, die schnell beiseite geräumt werden, wenn der Ort sich füllt. Gegenüber einige Stufen und der alte, nicht mehr beleuchtete und wenig benutzte Raucherraum, ein Überbleibsel aus Zeiten, als das Rauchverbot noch eine Abtrennung des Raumes erforderte. Links der Hauptraum: maximal 35 m^2. Das DJ*-Pult befindet sich gegenüber. Wenn man den Raum betritt, ist die Beleuchtung gedämpfter, aber immer noch hell, Rotlicht dominiert. Die Musik dringt aus vier in der Höhe angebrachten Lautsprechern, die Lautstärke ist ausreichend, um zum Tanzen zu animieren, aber immer noch angenehm, um sich mühelos unterhalten zu können.

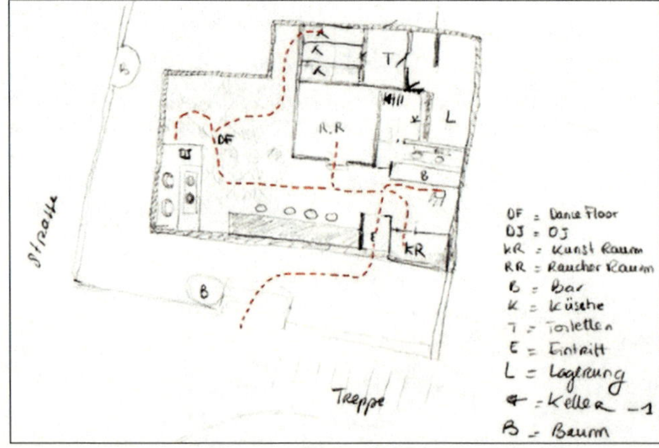

1.2 →
Plan des Clubinneren, gezeichnet im Juli 2012, von einer ehemaligen Barfrau des Pudels.
Durch eine gestrichelte rote Linie stellte sie ihren routinemäßigen Weg als Benutzerin des Ortes dar.
Bertile Rigois, 2012.

Der Club öffnet jeden Abend um 22 Uhr und füllt sich dann langsam ab 1.30 Uhr oder 2 Uhr morgens, mit einem Peak zwischen 3 und 5 Uhr, je nach Wochentag. Laut Uli — der seit der Eröffnung im Jahr 1991 jeden Morgen um 7 Uhr für die Reinigung des Ortes zuständig ist — steigt die Anzahl der Besucher*innen stetig an und es heißt, der Club sei jetzt jede Nacht voll.

Der Golden Pudel Club ist ein Ort. Wir könnten den Ort als Raum beschreiben, hinsichtlich seines rein architektonischen visuellen Aspekts, oder auch als Objekt der materiellen Kultur. Zum Zeitpunkt der Fieldwork (im Jahr 2011) handelt es sich um ein Holzhaus mit Schrägdach, 19 mal 17 Meter, das auf einem älteren Zementgebäude steht. Es verfügt über eine Gartenebene, die an der tiefsten Stelle von einer überdachten Terrasse umgeben ist, und im ersten Stock ein Erdgeschoss, das auf eine Terrasse führt. Darüber befindet sich ein Zwischengeschoss mit Hängeboden. Es handelt sich um ein altes Gebäude; eine Seemannskneipe, die bei der Übernahme 1991 am Verfallen war, bis 2003 weiter verfiel, schließlich als sanierungsbedürftig erklärt wurde und teilweise renoviert werden musste. Diese Arbeiten brachten einige wichtige Veränderungen auf der Gartenebene mit sich. Das Gebäude erhielt ein neues Aussehen: Der obere Teil wurde durch ein Schrägdach ersetzt, ein zusätzliches Stockwerk als Zwischengeschoss angelegt. Auf dem First der Fassade wurde ein Wappen mit einem Pudelkopf angebracht. Die Wände im Inneren sind holzvertäfelt, das Ganze ist einfach und funktional. Die neueste bauliche Veränderung betrifft das DJ-Pult, das kürzlich erneuert wurde, um mehr Platz zu schaffen: ein „real DJ booth", das überdimensioniert erscheint. All jene Elemente geben zahlreiche Hinweise auf das Leben an diesem Ort: die Vorrangstellung des musikalischen Aspekts durch die besondere Aufmerksamkeit, die dem Wohlergehen der DJ*s gewidmet wird, aber gleichzeitig der Raum für Freiheit, der dem individuellen Ausdruck zugestanden wird — durch die Konstruktion eines „unbearbeiteten" Objekts, das darauf wartet, von seinen Benutzer*innen bearbeitet zu werden.

Ein Ort unterscheidet sich von einem einfachen Stück Raum durch sein physisches Engagement. Unser Untersuchungsgegenstand ist die Gruppe von Menschen, die uns den Ort präsentiert, und ein Ort, der sich uns nach seinem über 20-jährigen Bestehen präsentiert. Auch wenn die Rolle des Ortes als Unterstützung für die Geschlossenheit und den Zusammenhalt menschlicher Gruppen im Rahmen der Stadtsoziologie beschrieben worden ist, gehen wir hingegen davon aus, dass Jean-Paul Thibaud den Ortsbegriff deutlicher umreißt, indem er den Begriff der Atmosphäre einbezieht.

1.3 →

Clubterrasse und Eingangstür circa 2012. Zeichnung basierend auf der Erinnerung des Autors, digital, 2023.

In seinem programmatischen Artikel „L'horizon des ambiances urbaines"[→10] schlägt der Autor eine Rückkehr zum konkret Gelebten innerhalb der Analyse des Raumes vor, einen Schritt, den er zwischen Phänomenologie und Pragmatik ansiedelt. Für Thibaud trägt der Ort ganz eigene Qualitäten in sich, die durch den Körper erfahrbar werden und durch ihn existieren. Sie sind eine Synthese von Sinneswahrnehmungen.

Ein Ort wird verkörpert, ein Ort wird gelebt, er besteht aus den Gesten seiner Benutzer*innen. Hier herrscht eine Atmosphäre, die ihm eigen ist. Den Golden Pudel Club ohne diese besondere Atmosphäre zu beschreiben hieße, einen Club zu beschreiben, der mit seiner Bar und seiner Tanzfläche vielen anderen ähnelt. Dieser Ort fügt sich in das Leben einer Stadt und eines Viertels ein, in eine kulturelle Landschaft und ins Nachtleben, neben anderen Lokalitäten, die ihren Kund*innen ebenfalls ein musikalisches und soziales Erleben bieten. Das in der Metropole zentral gelegene Stadtviertel St. Pauli ist mit solchen Orten dicht besiedelt. In Hamburg, wie in der übrigen westlichen Welt, wird ein Nachtclub de facto durch seine Atmosphäre definiert: Musik, Licht, Dekoration und dort verkaufte psychotrope Substanzen (Alkohol, Zigaretten etc.), Besucher*innenzahlen. Nutzer*innen verwenden diese Kriterien, um Vergnügungsorte zu beschreiben und zu klassifizieren. Eine Atmosphäre erhält ihre Bedeutung, wenn sie in Beziehung zu anderen Atmosphären gesetzt wird. Eine Atmosphäre variiert, aber die Summe ihrer Variationen bildet die allgemeine Atmosphäre des Ortes.

So stellt der deutsche Philosoph Gernot Böhme fest: Auch wenn die Atmosphäre für den Philosophen ein recht vager Begriff zu sein scheint, so wird sie doch einerseits in der Alltagssprache, aber auch in zahlreichen Bereichen des täglichen Lebens mit großer Präzision verwendet.[→11]

Die Atmosphäre wird demzufolge als Sphäre begriffen, als ein Raum, der aus einem Objekt, einer Person oder einer Umgebung hervorgeht, oder allgemeiner gesagt, aus einer Konstellation. Für Böhme strahlen die Objekte durch ihre Anwesenheit den Raum aus: Das Blau einer Tasse macht die Tasse auf eine bestimmte Weise in einem Raum gegenwärtig. Das blaue Wesen der Tasse umgibt sie wie ein Lichthof, es beschränkt sich nicht auf die Tasse, sondern strahlt nach außen. Und dieses Blau-Sein beschränkt sich auch nicht nur auf die Person, die es wahrnimmt: Die Farbe der Tasse nimmt an einer Atmosphäre teil, die das Bindeglied zwischen dem Umfeld und denjenigen ist, die es wahrnehmen.[→12] Ob sie nun durch Dinge oder Lebewesen entsteht oder von anderen

[→10] Jean-Paul Thibaud, „L'horizon des ambiances urbaines", *Communications,* Nr. 73 (2002), 185, https://doi.org/10.3406/comm.2002.2119.
[→11] Böhme, *Atmosphäre: Essays zur neuen Ästhetik,* 22–25.
[→12] Böhme, *Atmosphäre: Essays zur neuen Ästhetik,* 32.

Lebewesen wahrgenommen wird, ist sie doch relativ unabhängig, in dem Sinn, dass sie ihnen einen Heiligenschein verleiht, eine Tonalität, die alle durchdringt.

Jene Atmosphäre wird mehr oder weniger die Verfassungen des sie wahrnehmenden Wesens beeinflussen: Sie ist Trägerin einer Stimmung ... oder noch vieler anderer Dinge: Es gibt religiöse Atmosphären, Atmosphären des Zwanges, des Vertrauens, der Liebe, der Angst, des Feierns, des Trostes, der Spannung, der Macht.

Thibaud spricht von „mobilisierender Kraft des Ortes“[→13], die einem eigenen Rhythmus und einer eigenen Energie folgt, die auf den Körper wirkt, indem sie ihn ergreift. „Der Ort bewohnt den Körper und lässt sich gleichzeitig von ihm bewohnen.“[→14] Im allgemeinen Kontext des Nachtclubs, einem Ort, wo aktiv Musik gehört wird, ist die Idee der Rhythmisierung mit ihrer charakteristischen Ausrichtung unmittelbar zu beobachten. Eine weitere Dimension kommt hinzu, wenn die Macht des Ortes über die Subjekte berücksichtigt wird, die ihn regelmäßig aufsuchen: Es entsteht eine Art Lerndynamik. Wenn von jemandem gesagt wird, dass er/sie/* „im Pudel aufgewachsen sei“, bedeutet dies, dass der Ort einen wichtigen Einfluss auf die Konstruktion der Person hat. Thibaud beschreibt die „vorbewusste Ebene täglicher Verhaltensweisen“[→15], um die Auswirkung der Atmosphäre des Ortes auf der Ebene der Geste zu verorten. Die Geste wäre dann „die Unterstützung der Handlung“, Trägerin eines Ausdrucks, die uns etwas über das In-der-Welt-Sein dieser Person erzählt. Wir sind über das Individuum hinaus mit „gewöhnlichen Operationen des Zusammenseins“ konfrontiert, die den Hintergrund eines Sozialeinfach nur zum Tanzen hierherzukommen, bedeutet, eine Art des Tuns mit einer anderen zu verbinden.

Schließlich liefert der Autor mit der Forderung nach einer „Öffnung gegenüber der Gefühlsdimension“ ein wesentliches Element zum Verständnis der Dynamik des Ortes.[→16] Empfindsamkeit, Gefühle in Worte zu fassen bedeutet, Absichten zu verdeutlichen, d. h. Sichtweisen auf die Welt zu äußern, die sich direkt auf unser Handeln auswirken. „Die Gefühlsebene regt zu motorischen Verhaltensweisen an, die sie im Gegenzug sichtbar werden lassen ...“[→17], eine gute Stimmung zieht eine gute Stimmung an. Dass eine Stammkundin sagt, sie fühle sich wohl, dass eine Barfrau erklärt, der Club sei „wie ein Wohnzimmer“ für das ganze Team, dass ein englischer Gast-DJ des Pudels sagt: „It is supposedly the best club in the world“, all das sind wesentliche Elemente, die uns die Erfahrung jenes Ortes durch die Menschen verstehen lassen, die ihn frequentieren und beleben.

[→13] Thibaud, „L'horizon des ambiances urbaines“, 186.
[→14] Thibaud, „L'horizon des ambiances urbaines“, 187.
[→15] Thibaud, „L'horizon des ambiances urbaines“, 188.
[→16] Thibaud, „L'horizon des ambiances urbaines“, 189.
[→17] Thibaud, „L'horizon des ambiances urbaines“, 189.

Die Mitglieder des Golden Pudels sind nicht nur gute Praktiker*innen der Atmosphäre — des Ambientes oder der Stimmung. Sie haben auch eine besonders raffinierte und kritische Haltung, wenn es um die Benutzung und die inhaltliche Gestaltung der Atmosphäre innerhalb des Ortes geht, den sie beleben. Es ist übrigens unmöglich, die Arbeit der Pudelmitglieder, ihre Beschäftigungen und ihre Know-hows genau zu beschreiben, wenn man dabei nicht die Atmosphäre — oder die Atmosphären — begreift; und zwar sowohl als Gegenstand als auch als Handlungsmöglichkeit, oder sogar als Medium für die Handlung, die sich durch sie abspielt.

Gernot Böhme schlägt in seinen Studien über die Ästhetik der Atmosphären eine Neudefinition der ästhetischen Disziplin vor. Er stellt fest, dass die Ästhetikphilosoph*innen seit dem 18. Jahrhundert von der Beurteilung und Definition des Kunstwerkes besessen waren und sich letztendlich darauf beschränken, dem Diskurs um die Werke ein technisches Vokabular zur Verfügung zu stellen. Er plädiert dafür, zu der Form von Ästhetik zurückzukehren, wie sie in der Antike verstanden wurde: als Theorie der sinnlichen Wahrnehmung. In der der ästhetischen Naturphilosophie verwurzelt, nähert sich der Autor dem Thema aus ökologischer Perspektive.[→18]

Während sich die moderne Ästhetiktheorie tatsächlich mit einigen dieser Atmosphären befasst hat, wie der des Schönen und der des Erhabenen, so hat sie hingegen all die anderen vernachlässigt.[→19] Aufgrund einer „bürgerlichen" Geringschätzung, so Böhme, und weil die Funktion der Ästhetik in den Dienst der Beurteilung des Kunstwerkes gestellt wurde. Nun zeigt die überwiegende Mehrheit der ästhetischen Arbeiten, der angewandten Künste, von der Innenarchitektur bis zum Produktdesign, aber ein immenses und hochqualifiziertes Wissen über die Atmosphären und deren Anwendungen. So wird die Kunst selbst zu einem kleinen Bereich dieses großen Gebietes: Künstler*innen produzieren keine Werke, sondern schaffen Atmosphären, die die Werke umgeben, die dem Material — oder den Menschen oder Situationen — bestimmte Präsenzeigenschaften verleihen, die auf diejenigen ausstrahlen, die sich ihnen aussetzen.[→20]

Ist von Atmosphäre oder Stimmung die Rede, ist es schwierig, nicht den Begriff der „Aura" mit zu berücksichtigen. Für Böhme ist die von Walter Benjamin theoretisierte „Aura" eben genau das: eine Atmosphäre, die das Originalwerk umgibt, obwohl diese für Walter Benjamin recht undifferenziert ist. Der Autor nimmt sie als Atmosphäre der Ferne und Seltenheit wahr, die er mit seiner Definition von der Atmosphäre einer Naturlandschaft verknüpft, um anschließend nicht mehr die Idee von der Qualität oder vom Gehalt der Aura zu evozieren.[→21]

[→18] Böhme, *Atmosphäre: Essays zur neuen Ästhetik*, 26.
[→19] Böhme, *Atmosphäre: Essays zur neuen Ästhetik*, 27.
[→20] Böhme, *Atmosphäre: Essays zur neuen Ästhetik*, 25.
[→21] Benjamin, 1939, zitiert nach Böhme, *Atmosphäre: Essays zur neuen Ästhetik*, 25—28.

Benjamins Aura bietet eine solide theoretische Grundlage, um diesen Atmosphärenbegriff zu prägen. Voraussetzung dafür ist zunächst, dass er auf sämtliche Werke ausgeweitet wird, und zwar auch auf solche, die mit technischen Mitteln reproduziert werden. (Das Foto meiner Großmutter, das auf meinem Schreibtisch steht, verbreitet ein wenig von der ruhigen Ausstrahlung meiner Vorfahrin.) Des Weiteren muss verstanden werden, dass der sensorische Inhalt oder die Eigenschaft der Atmosphäre selbst ihre Grundlage bilden. Wir werden in dem Kapitel, das der Reputation gewidmet ist, sehen, dass die Aura einer Person untrennbar mit den Eigenschaften dieser Aura verbunden ist.

Böhme zufolge ist Benjamin der erste moderne Autor überhaupt, der die Ästhetisierung der Welt mit der „Ästhetisierung der Politik" begrifflich näher bestimmt; Theodor Adorno und Max Horkheimer, die sich insbesondere damit beschäftigten, die Kulturindustrie und die Fehlentwicklung der Kunst zu verunglimpfen, hatten auch auf eine Revolution innerhalb unseres kapitalistischen Zeitalters hingewiesen. Mit der Veröffentlichung von Guy Debords Die Gesellschaft des Spektakels[→22] wurde dies mit Erfolg sowohl in intellektuellen als auch populären Kreisen theoretisch untermauert: Die politischen — und heute insbesondere die wirtschaftlichen — Mächte haben eine „verwandtschaftliche Ähnlichkeit" mit faschistischen Regimen insofern, als sie mittels ihrer Arbeiter*innen im ästhetischen Bereich ihre Einflussnahme entfalten. Atmosphären sind heute omnipräsent: Heute kaufen wir Produkte eher aufgrund der sie umgebenden Atmosphären als ihres funktionalen Nutzens wegen.[→23] Außerdem, so Böhme, nutzen Konsument*innen diese Produkte und insbesondere die Statussymbole in erster Linie dazu, sich selbst zu inszenieren: um auf die Atmosphäre einzuwirken, die von ihnen als Person ausgeht.

Die Ästhetik der Atmosphären führt zu zwei ökologischen Kritikpunkten hinsichtlich unserer Gesellschaft. Der erste erkennt zwar die Relevanz der Atmosphären und damit der Objekte und Verhaltensweisen, die sie ausmachen, an, zeigt aber mit dem Finger auf deren exzessiven Gebrauch, der in Abhängigkeit und Verschwendung mündet, wobei Böhme besonders die Luxusgüterindustrie an den Pranger stellt. Zweitens gibt es eine Kritik an der Manipulation und der Suggestion, die routiniert für den Profit eingesetzt werden und zu neuen Phänomenen der Gefangenschaft und der Entfremdung führen.[→24] Im Folgenden werden wir sehen, wie die Mitglieder des Golden Pudel Clubs genau diese beiden Kritikpunkte in ihren Praktiken und Gepflogenheiten aufnehmen. Das Kollektiv tritt als Gegengewicht auf, albern, aber hartnäckig: eine

[→22] Guy Debord, *La société du spectacle* (Paris: Gallimard, 1971).

[→23] Haug, 1968, zitiert nach Böhme, *Atmosphäre: Essays zur neuen Ästhetik*, 46. Vgl. Debord, La société du spectacle.

[→24] Böhme, Atmosphäre: *Essays zur neuen Ästhetik*, 46—47.

„Elbphilharmonie der Herzen“ (eine Anspielung auf das Mammutprojekt, den Symphoniekonzertsaal der Stadt, der etwas weiter elbabwärts gebaut wurde). Ein Anti-Nachtclub, der permanent eine Anti-Nacht anbietet und dabei das dazu erforderliche Reflexionsvermögen voll und ganz einsetzt, um diese absurde Rolle eines angesagten night-clubs jenseits jeglicher Modeerscheinungen aufrechtzuerhalten.

1.1 Lichter und Anwesenheit von Licht

„Was mir beim ersten Mal auffiel, war, dass es innen echt hell ist.“
(Milena, Pudelbesucherin, August 2012)

Einige bunte Spots, Lichterketten, drei rot angestrahlte Discokugeln — das sind die einzigen Lichtquellen im Pudel. Kein Mischpult, das alles steuert. Die Schlichtheit ist auffällig, wenn man sie mit dem üppigen Equipment konkurrierender Nachtclubs vergleicht, die die Beleuchtung zu einem wichtigen Bestandteil der Unterhaltung des Ortes machen. Als ich während meiner Recherche in jenem Sommer ein paar Stunden im „Ego“ verbringe, einen damaligen anderen Vorzeigeclub des Viertels, erlebe ich etwas vollkommen anderes: Die typische Discobeleuchtung ist mit den Beats synchronisiert oder zufällig so programmiert, dass die Wahrnehmung des Raumes verzerrt wird, wodurch eine visuelle Atmosphäre zwischen Rummelplatz und Videoclip entsteht. Sie ist Teil einer Technik, die den Körper in Staunen versetzt, die das Erlebnis untauglich für verbale Kommunikation macht und die für alle eine regelrechte Show kreiert, in der die Körper wie Objekte inszeniert werden.[→25] Diese Effekte sublimieren die Bewegungen, besonders dank der Stroboskopeffekte, die einen visuellen Effekt erzeugen, der die reale Tanzbewegung überlagert und eine Rhythmisierung etabliert, die nicht mehr von den Tänzer*innen abhängt. Die Techniken zur Schaffung von Atmosphäre wurden zunächst von jenen der zuerst im Theater gebräuchlichen entliehen, bevor sie sich in der gesamten Unterhaltungsindustrie durchsetzten.[→26] Im Golden Pudel Club gibt es keinen Stroboskopeffekt. Die Atmosphäre ist

[→25] Siehe hier vgl. Guillaume Robin, *Berghain, Techno und die Körperfabrik: Ethnographie eines Stammpublikums* (Marburg: Büchner-Verlag, 2021).
[→26] Gernot Böhme, „The Art of the Stage Set as a Paradigm for an Aesthetics of Atmospheres“, *Ambiances. Environnement Sensible, Architecture et Espace Urbain*, 2013, http://ambiances.revues.org/315.

verraucht, das Licht rot und ziemlich statisch. Sie erinnert an ein anderes charakteristisches Merkmal des Hamburger Stadtbildes: das der Sexclubs und deren Schaufenster. Die Verwendung des Rotlichts ist gleichermaßen intim und die Menschen sehen besser darin aus — der einzige Spezialeffekt, auf den sich Besucher*innen für ihre Inszenierung verlassen können. Es gibt auch Fenster, durch die das Licht der umliegenden Straßenlaternen und des Hafens eindringt. Auf der Terrasse beleuchtet eine gewöhnliche Außenlampe die Grüppchen und ergänzt die Straßenbeleuchtung. Das Umgebungslicht ermöglicht es, einander zu sehen und sich durch Mimik und Gestik mühelos miteinander zu verständigen. Außerdem kann das Personal unter angenehmeren Bedingungen arbeiten und ganz allgemein an einer Atmosphäre teilhaben, bei der es nicht nur ums Partymachen geht, sondern um einen Ort des Austauschs und Gesprächs. Man besucht den Pudel, um zu tanzen, aber auch, um sich zu unterhalten und Leute zu treffen.

1.2 Die Dekoration oder ihr Nichtvorhandensein

Die vertäfelten Wände tragen die Spuren der vorbeikommenden Menschen, Graffitis und Aufkleber. Auch die Plakate, die besondere Abendveranstaltungen des Hauses ankündigen, sind gut sichtbar platziert. Mit Edding Graffitis zu malen gilt als geduldete und alltägliche Praxis. Diese Zeichenwelt wird regelmäßig von ihren Fans gepflegt, die ihr Gekritzel hinterlassen, ohne dass das irgendjemanden großartig zu interessieren scheint. Besonders die Toilettenwände werden von diesen Kreationen überwuchert. Die Sticker werden vom Publikum geschätzt, betrachtet, respektiert und wieder überklebt. Das Ganze verleiht der Wand eine Textur, die archetypisch für einen Undergroundort im Allgemeinen und für die Punkszene im Besonderen ist. Ein Laisser-aller, das mit einem Laissez-faire einhergeht; darauf werden wir in dem Kapitel zurückkommen, das dem Stil gewidmet ist. Zwei Pudelembleme sind ebenfalls gut erkennbar, obwohl sie nicht so sehr zur Schau gestellt werden: Ein als Wappen stilisiertes Clubabzeichen ist auf eine Holztafel gemalt. Eine andere Tafel zeigt einen weißen Pudel als lächelndes Maskottchen. Über der Bar, zwischen den Flaschen, haben sich im Laufe der Jahre Plüschtiere und anderer Nippes in Pudelform angesammelt. In einer kleinen Vitrine, die mal ein Kühlschrank war, sind die neuesten Schallplatten der hauseigenen Produzent*innen mit Ankündigungen und Preisen aktueller Veröffentlichungen ausgestellt. Es gibt weder für Bier noch für Softdrinks Sponsoring und es ist keine lokale oder internationale Marke vertreten, weder namentlich noch mit sonstigem augenscheinlichen Kommunikationsmittel. Die Markennamen auf den Bierkühlern sind durchgestrichen: Aus Beck's wird „Eck".

Es werden aber auch regelmäßig temporäre Installationen und Dekorationen ausgestellt, meist an besonderen Abenden. Der kleine, drei mal drei Meter große Raum, der sich gegenüber dem Eingang befindet, eignet sich besonders für Installationen. Dieser ehemalige Raucherraum wird nicht mehr benutzt, seit das Rauchverbot nicht mehr eingehalten wird. Hier und da Fundsachen, Gemälde oder Fotos, der Raum ist in der Regel leer und bleibt am Abend wenig frequentiert. An Montagabenden werden regelmäßig Ausstellungen von Arbeiten Studierender der Hochschule für bildende Künste Hamburg (HFBK) organisiert, auf der Terrasse und drinnen, manchmal verbleiben die Objekte auch länger im Raucherraum oder in einem anderen kleinen Raum gegenüber der Bar.

Alle diese Dekorelemente können als provisorisch und temporär bezeichnet werden, auch wenn einige Elemente eine längere Lebensdauer haben, was nicht unbedingt etwas damit zu tun hat, ob sie optisch ansprechend sind. Seit etwa zwei Jahren steht auf dem Türrahmen gegenüber der Bar Gebäck in blauer Plastikverpackung mit der Aufschrift „fast ein Meter Waffeln!". Manche Installationen haben einen bleibenden Eindruck hinterlassen: 2010 wurde ein unechter Dönerspieß angefertigt und von einem Stammgast hinter der Bar angebracht, basierend auf einem lustigen Gespräch mit dem Personal. Nach einigen Monaten waren die Barfrauen von der realitätsnahen Skulptur genervt, die Gäst*innen wiederum wurden nicht müde, darauf anzuspielen: Eine*r von ihnen kaufte sie dann zur Erleichterung aller Beteiligten für mehrere Tausend Euro.

Diese relativ spärliche Dekoration ist nicht nur typisch für den Pudel, auch Clubs der Berliner Elektro-Szene verzichten komplett auf übertriebene Dekoration. Im Dokumentarfilm „Feiern", der sich mit den Praktiken des Feierns Anfang 2000 in Berlin beschäftigt, finden wir ähnliche Argumente seitens der Veranstalter*innen und Nutzer*innen, die für einen funktionellen Ort plädieren, der leicht zu pflegen ist und nicht beschädigt werden kann.[→27] Die provisorischen Dekors erinnern auch an die von Etienne Racine in seiner

[→27] *Feiern*, Documentary, 2006.

Ethnografie beschriebenen Freepartys, Technopartys, die in prekären Räumen stattfinden.[→28]

Boden und Mobiliar sind leicht zu reinigen — Bier oder Zigaretten gegenüber unempfindlich. Personal und Gäst*innen müssen sich keine Gedanken über mögliches unachtsames Verhalten machen und können sich auf den Augenblick konzentrieren. Wir befinden uns in einem kulturellen Raum, der scheinbar durch Spontaneität, Provisorisches und Unmittelbarkeit beherrscht ist. Durch den Laissez-faire-Ansatz entsteht letztendlich ein stimmiges Dekor, das uns in dem Glauben lässt, die Instandhaltung sei dementsprechend durchdacht: Dieser vergängliche Aspekt wird in Wahrheit äußerst stilsicher von den Clubmitgliedern gepflegt, er wächst organisch. So wie man sich die Ausgewogenheit eines Englischen Gartens vorstellt, werden manche Flächen geräumt und mit einem neuen Farbanstrich aufgefrischt, es werden Strukturen eingerichtet, um daraus wilde Motive wuchern zu lassen, Ziegel und Holz werden grundiert, sodass die Farbe daran haftet. Die Wände sind mit abertausenden von Tackerlöchern gespickt, neue Plakate werden aufgehängt, alte heruntergerissen. Das Ganze vermittelt einen starken Eindruck von Originalität und Authentizität eines allseits bekannten „Underground"-Ortes, ein Gefühl von Kohärenz — trotz des offensichtlichen Chaos: „Alles passt zusammen". Die Gruppe vermittelt überaus geschickt den Eindruck, dass dieser Ort der Kreativität und dem Augenblick gewidmet ist.

1.3 Das Clubpublikum

Wer den Ort frequentiert, ist ein weiterer Stimmungsfaktor, der von Nutzer*innen, Gäst*innen und DJ*s eindeutig ausgemacht wird und der einen zentralen Stellenwert im Diskurs über die Andersartigkeit des Golden Pudel Clubs einnimmt. Die Verhaltensweisen der gleichzeitig anwesenden Menschen spielen eine wichtige Rolle: Gesten und Worte der Teilnehmenden, die durch Gefühle verändert werden, die sie lebendig machen und ihnen eine sensible und affektive Dimension verleihen. Dazu gehört das Verhalten der Crew, der Türsteher*innen, Kellner*innen und des Barpersonals, aber auch das der Gäst*innen. In einem ersten Schritt werden wir eruieren, wie sich dieser Ort von anderen Nachtclubs unterscheidet, in der Handhabung seines menschlichen Ökosystems, von der Einlasskontrolle bis hin zur Auswahl der Gäst*innen. Dann werden wir

[→28] Etienne Racine, *Le phénomène techno: clubs, raves, free-parties* (Imago, 2004).

1.4 →
Tanzfläche circa 2012: Zeichnung basierend auf der Erinnerung des Autors, digital, 2023.

Pudel Club

untersuchen, wie sich die Arbeitsmoral der Mitarbeitenden auf die allgemeine Atmosphäre des Ortes auswirkt.

1.3.1 Anderswo

In konventionelleren Einrichtungen gestalten die Chef*innen die Atmosphäre, um ein Zielpublikum anzuziehen und ihm eine ausgewogene Geselligkeitserfahrung zu gewährleisten. Sie verfügen über mehrere Möglichkeiten, die Anwesenheit zu beeinflussen: zum einen durch die Auswahl am Eingang, die das Erscheinungsbild betrifft und nach mehr oder weniger fragwürdigen Kriterien erfolgt, oder nach dem zahlenmäßigen Verhältnis von Männern und Frauen. Zweitens durch die Höhe des Eintrittspreises: Ist er hoch, bringt er Einnahmen, sorgt aber auch dafür, dass die Kund*innen die Mittel haben zu konsumieren und etwas länger verweilen werden. Umgekehrt ist freier Eintritt für die gesamte oder einen Teil der Kundschaft (in der Regel Frauen) ein Weg, um für ausreichend Zulauf zu sorgen, sodass Atmosphäre entsteht, also Stimmung aufkommt. Drittens gilt es, die Kommunikation auf den Ort und die jeweiligen Abende abzustimmen; das wirkt sich ebenfalls auf das angesprochene Publikum und längerfristig auch auf die Imagebildung des Clubs aus.

Einmal im Inneren des Clubs angekommen, wird die Atmosphäre durch eine mehr oder weniger strenge Aufsicht optimiert: Manager*innen sind da, um das Personal anzuleiten, Türsteher*innen, um Gäst*innen zu beaufsichtigen. Das Ordnungspersonal erhält Anweisungen, die es ihm in Verbindung mit seinem gesunden Menschenverstand ermöglichen, unerwünschtes Verhalten festzustellen, das zu einer Verwarnung oder einem Rauswurf führt. Während eine gewalttätige Auseinandersetzung in der Regel dazu führt, dass die Beteiligten gehen müssen, ist die Toleranz von respektlosem Verhalten gegenüber Frauen hingegen viel variabler. In anderen Zusammenhängen — wie in manchen Clubs, die besonders penibel auf die Kontrolle der Atmosphäre achten — ist es gar nicht gerne gesehen, Anzeichen von Müdigkeit zu zeigen.

1.3.2 Im Pudel

Am Eingang zum Golden Pudel steht ein Holztresen auf der Terrasse, für den eine Person, zusammen mit dem Türsteher, verantwortlich ist. Letzterer ist gleichzeitig Rausschmeißer — ein großer Typ mit

Mütze, der sich perfekt in die Menge einfügt und einen sympathischen Eindruck macht. Er ist lässig, aber aufmerksam. Alle haben Zutritt zum Club, außer denen, die zuvor als Unruhestifter*innen identifiziert und insbesondere auf Initiative des weiblichen Barpersonals ausgeschlossen wurden. In einer Mailingliste kann die Pudelcrew Personen beschreiben, die Schwierigkeiten gemacht haben, und diskutieren, ob sie dauerhaft oder temporär Hausverbot bekommen sollen, wobei sich manche für ihre Bekanntschaften einsetzen. Am Eingang wird donnerstags bis sonntags ein Eintrittspreis von einigen Euros verlangt, dieser variiert im Jahr 2011 zwischen drei und sechs Euro — je nach Bekanntheit der DJ*s. Ulli Koch, der „Janitor [Hausmeister]“ des Lokals, erklärte mir, dass diese Maßnahme für die meisten Partys unter der Woche verallgemeinert wurde, ursprünglich, um die Veranstalter*innen zu bezahlen, aber vor allem, um den Zugang von Dieb*innen zu beschränken, die die tanzenden Menschen im Inneren des Clubs bestohlen haben.

Die Heterogenität des Publikums ist zum wesentlichen Merkmal des Clubs geworden. Allerdings scheinen Stammgäst*innen und Crew verinnerlicht zu haben, welche Verhaltensmuster „passen“ und welche nicht „passen“. Dieses Modell scheint in erster Linie darauf zu basieren, dass sie sich im weitesten Sinne von Gewalt distanzieren.

Physische Gewalt ist natürlich verboten und kommt so selten vor, dass derartige Vorkommnisse besonders sorgfältig behandelt werden müssen. Es wurde von einem Fall von Erpressung auf der Herrentoilette an einem Samstagabend im Juli 2011 berichtet. Daraufhin wurde ein kleines Plakat aufgehängt und sogar an den Abenden danach herumgezeigt, das die Besucher*innen warnte und den Übeltäter*innen drohte: „Der Pudel wird beißen“. Auch aggressives verbales Verhalten wird sehr genau beobachtet — insbesondere vom Barpersonal.

1.5 →
Bertile am Tresen.
Digitalzeichnung vom Autor nach einem Foto von Ulli Koch (circa. 2008), digital, 2024.

1.4 Das Barpersonal und seine Rolle bei der Regulierung der Atmosphäre

Das Barpersonal scheint ein wichtiger Akteur zur Aufrechterhaltung der Atmosphäre zu sein. Es besteht überwiegend aus Frauen und diese sind besonders unnachgiebig, wenn es um den Respekt geht, der ihnen als Menschen gezollt wird. Wir könnten die Situation mit der von James Spradley und Brenda Mann in den 70er Jahren geschilderten vergleichen, die das Leben einer Cocktailkellnerin als Anpassung der Frau an die Männerwelt in Form von akzeptierter Unterordnung beschreiben.[→29] Während dieses Entfremdungsmuster, das Arbeit mit Sexismus verbindet, in vielen Teilen der westlichen Gesellschaft immer noch zu beobachten ist, sind die Pudel-Barfrauen hingegen sehr darauf bedacht, sich Respekt zu verschaffen, umstandslos zur Ordnung zu rufen und denjenigen die Bedienung zu verweigern, die ihnen nicht genug Respekt entgegenbringen; oder sogar diejenigen des Pudels zu verweisen und ihnen ein Hausverbot zu erteilen, die sich Gäst*innen oder ihnen gegenüber schlecht verhalten haben. Wir werden sehen, dass im Moment der Interaktion mit dem Barpersonal dank einer zutiefst antiautoritären Politik Störenfriede entfernt werden.

Das Barpersonal scheint dabei vollkommen frei zu handeln, während es gleichzeitig auf das Gemeinwohl achtet. Die Pudel-Mitarbeitenden machen Pause, um zu tanzen oder frische Luft zu schnappen, wenn ihnen danach ist, sie sprechen sich untereinander ab. Auch bei der Arbeitsorganisation ist das Personal sehr flexibel: Wenn das Team überlastet ist, zögern die anwesenden Mitglieder, die gerade Pause machen, und manchmal sogar die Stammgäst*innen nicht, selbst mit anzupacken und sich hinter die Bar zu stellen. In der Regel ist der Bereich hinter der Bar ein sozialer Raum für Teammitglieder, ein Ort, an dem man sich frei amüsieren, miteinander oder mit den Gäst*innen reden und lachen kann ... oder aber auf ihre Kosten. Dieser Geist scheint von Beginn an vorhanden gewesen zu sein, wie diese Aussage eines ehemaligen Clubmitgliedes

[→29] James P. Spradley, Brenda J. Mannund, übersetzt von Odette Gagné, *Les bars, les femmes et la culture: femmes au travail dans un monde d'hommes*, Perspectives critiques (Presses Universitaires de France, 1979).

bestätigt: „Es gehörte immer schon zum Konzept des Pudels, dass das Barpersonal mehr Spaß hat als die Gäst*innen, es war sogar wichtig, dass wir mehr Spaß hatten als sie. Weil wir uns wirklich alles erlauben konnten. Wir konnten unfreundlich zu Menschen sein, die wir nicht mochten, sie so richtig schlecht bedienen, sie ignorieren oder uns über sie lustig machen. Weil viele Freunde da waren, konnte uns nichts passieren."[→30]

Das Gesprächsmoment zwischen Gäst*innen und Barpersonal spielt eine entscheidende Rolle bei der Auswahl des Publikums, die sich eher auf Handlungen als auf den äußeren Schein verlässt. Dieses Verhältnis unterscheidet sich tatsächlich von dem rein kommerzieller Einrichtungen. Servicequalität ist nicht das Ziel eines Personals, das keinen Chef hat, der es zur Ordnung mahnt. Es gibt keine Autoritätsperson zu fürchten, deren Interessen beeinträchtigt werden könnten. Manchmal sind die Kund*innen verwirrt, dass es keine solche verbündete Autoritätsperson gibt. Sie haben gelernt, für ihr Geld eine Leistung erwarten zu können. Für Barkeeper*innen, die ihr Handwerk anderswo gelernt und diese Disziplin und dieses Dominanzverhältnis verinnerlicht haben, ist das Arbeiten in dieser neuen Konstellation ebenfalls verwirrend. Bertile, die sieben Jahre lang als Barkeeperin im Pudel gearbeitet hat, sagt: „Anfangs war es echt hart zu sehen, wie andere die Gäst*innen behandeln. Für mich sind alle Gäst*innen gleich. Zu sehen, wie die anderen manche Gäst*innen ignorieren oder sie absichtlich ärgern, habe ich nicht verstanden. Aber dann hab ich's kapiert." Man könnte meinen, dass alle mit Gäst*innen beliebig umgehen können, aber das ist nicht der Fall: „eine trashiger Umgang mit Gäst*innen" will gelernt sein. Letzteres wird jedoch vom Rest der Gruppe durchgesetzt, insbesondere durch diejenige, die das Barteam einstellt und sich als virulenteste der Barkeeperinnen erweist: Charlotte Knothe ist eine zentrale Figur in der Organisation des Clubs. Bertile berichtet mir, dass sie, als sie gerade neu eingestellt worden war, tatsächlich einmal von Charlotte gefeuert wurde, weil sie diese Fähigkeit nicht mitbrachte: „Sie sagte, ich könne mich nicht wehren."

Die „Verteidigung" der eigenen Person stellt die Verteidigung der Gruppe sicher. Hier sehen wir, wie die Beteiligten äußerst aufmerksam die Interaktion nutzen, um das Verhalten von Gäst*innen, also ihre allgemeinen Absichten, aufzudecken. Bei der Interaktion geht es um weit mehr als nur um den Bezahlvorgang. Es handelt sich um eine lockere Einschätzung von Gäst*innen, einen regelrechten Test, der deren Aggressivitätsgrad ans Tageslicht bringt. Indem sie ihren Emotionen freien Lauf lassen, anstatt ihr Gesicht zu wahren, lassen sie die Situation eskalieren, und diese Eskalation verbaler Gewalt

[→30] Manuele Avantario und Christoph Twickel, *Läden, Schuppen, Kaschemmen: eine Hamburger Popkulturgeschichte* (Hamburg: Edition Nautilus, 2003), 146.

1.6 →
Bar mit Ralf an seinem üblichen Spot und Alex am Tresen. Zeichnung basierend auf der Erinnerung des Autors, digital, 2023.

Pudel
Produkt
#15

löst den Rauswurf enttarnter ungebetener Gäst*innen aus.

Die Folgen dieses Maßnahmenplans sind vielfältig, sie beeinflussen individuelle, gruppenbezogene Gefühle und die der Öffentlichkeit. Daraus entsteht ein gesteigertes Unabhängigkeitsgefühl und das Selbstbewusstsein wächst, sodass die Menschen ohne Autoritätszwang initiativ handeln können: „Es war super, keinen Chef zu haben. Es waren die schönsten Jahre meines Lebens", betont Bertile. Durch die Meinungsverschiedenheiten mit der Außenwelt rückt die Gruppe näher zusammen, die Mitglieder werden zusammengeschweißt, während sie gleichzeitig ihre Handlungsfreiheit eindrucksvoll bekräftigen. Es wäre übertrieben zu schreiben, dass jede Interaktion durch diese Aufmerksamkeit zur Wahrung des individuellen Respekts personalisiert wird. Allerdings ist die Belegschaft zwangsläufig aufmerksamer und daher besser mit den Gegebenheiten um sie herum vertraut, in ihren Interaktionen mit Kund*innen und Kolleg*innen reaktionsschneller und engagierter. Genauer gesagt hat diese informelle Auswahl, da sie anschließend vom Türsteher fortgesetzt wird, einen unbestrittenen Einfluss auf die Clubatmosphäre.

Der Pudel genießt in Sachen Entspanntheit bei seinem weiblichen Publikum einen ausgezeichneten Ruf, obwohl es natürlich immer passieren kann, dass ein Störenfried vorübergehend in Erscheinung tritt. Laut Aussagen mehrerer Barfrauen ähneln sich ihre erste Begegnung mit dem Ort und ihre Integration in die Gruppe: Aus einer anderen Stadt kommend stellten sie fest, dass sie „ganz alleine" tanzen gehen konnten, „stundenlang, einfach nur tanzen", ohne belästigt zu werden. Sie kamen Abend für Abend, freundeten sich schnell an und wurden nach ein paar Jahren Teil des Teams. Für den Pudel bewirbt man sich nicht, wie es mir ein Pappschild am Anfang meiner Untersuchung verriet, „there is no job", man wird dazu berufen … angerufen von Charlotte.

Zentrales Thema scheint hier zu sein, dass Freiheit und eine bestimmte Form des Zusammenseins gelebt werden können, die durch den von der Gruppe entwickelten stabilen institutionellen Rahmen erlaubt sind. Das Barpersonal passt auf die Stammgäst*innen auf: „Wir kümmern uns echt um unsere Gäste", erzählt mir Katharina. Sie tun ihr Bestes, um übertriebenen Alkoholkonsum von manchen Leuten zu kontrollieren, oder bedienen auch diejenigen, die sich vorübergehend kein Bier leisten können. Sie haben aber auch das Recht, nicht lächeln zu müssen oder keine Lust auf eine Unterhaltung zu haben. Diese Aussage war bei normalen Clubgänger*innen weit verbreitet: Im Pudel wird eine besondere Form von Authentizität vorausgesetzt. So beschreiben auch offizielle Vertreter*innen des Clubs den besonderen Charakter des Ortes, wie beispielsweise Gereon Klug in einem Interview mit De:Bug, einem alternativen Kulturmagazin, im Jahr 2007: „Was im Pudel so angenehm ist: Dort sieht man an der Bar Menschen mit normalen Gesichtern, Menschen, die auch vom Leben beschädigt und verbittert sind. Der Club ist eine echte Kneipe geworden. Ich finde das echt super. Was ich davon halte? Im Pudel gibt es nur Menschen. Das meine ich ganz ernst. Das sind Leute mit menschlichen Gesichtern."[→31]

Kontinuität lässt sich offenbar auf mehreren Ebenen beobachten: zwischen Stammkund*innen und Mitarbeiter*innen, die untereinander austauschbare Positionen einnehmen, zwischen dem „Zuhause" der Menschen und des Clubs, der seinerseits ein anderes „Zuhause" darstellt, dem Selbstwertgefühl, das den Respekt dem Ort gegenüber unterstützt. Wie bei der Untersuchung des Dekors stoßen wir erneut auf Begriffe wie Spontaneität und Kohärenz, diesmal bei der Aufrechterhaltung eines Rahmens zwischenmenschlicher Beziehungen. Die integren Beziehungen machen die Personen wagemutig. Sie können dadurch die in bestimmten Situationen vorhandenen Elemente dazu benutzen, den Lauf der Dinge zu verändern und ihre Existenz als Wesen und Gruppe gleichermaßen zu bejahen.

Dadurch, dass die Person in erster Linie anhand ihrer Handlungen beurteilt wird, öffnet sich die Gruppe dem Einfluss außenstehender Personen, deren Handlungsweisen mit den eigenen kompatibel sind. Der Vorgang bleibt unauffällig, wird aber von Akteur*innen treffend beschrieben, wie diese Äußerung von Viktor Marek veranschaulicht, als Sebastian Reier („Booty Carrell") zur Gruppe stieß, wie Letzterer mir berichtet: „Ein guter Abend im Pudel ist ein Abend, an dem die Leute mehr mitbringen als Geld." Dieser Geist konkretisiert sich im höchsten Grade in der Musik, dem dritten wichtigen Bestandteil der Atmosphäre.

1.5 Die Musik und ihre Zyklen

Als letzter Faktor der Atmosphäre ist die Musik ein zentrales Element der Clubkultur. „Alle Leute, die hier arbeiten, haben irgendwas mit Musik zu tun", berichtet Eva. Ob als Musiker*innen, Produzent*innen oder DJ*s — die Gruppenmitglieder sind durch ihre Leidenschaft

[→31] Khatib, Sami. „Operation Pudel", *De:Bug Magazin*, n°108. 10.02.2007, http://de-bug.de/mag/4601.html.

für Musik miteinander und mit dem Ort verbunden. DJ*s sind Urheber*innen einer klanglichen und menschlichen Atmosphäre. Die Kunst des DJ*ings[→32] beinhaltet die Beherrschung einer Verzauberungstechnik[→33]: das Hervorrufen verschiedener Empfindungen und Emotionen beim Publikum durch die Auswahl und das Mischen von Musikstücken, wodurch eine Klangatmosphäre geschaffen wird. Der Pudel ist ein Ausstrahlungsort, ein Ort, an den das Publikum kommt, um ein ganz bestimmtes Programm anzuhören und dazu zu tanzen. Die Besonderheit des Clubs liegt diesbezüglich in dem Augenmerk, das er auf die Ausgestaltung der verschiedenen musikalischen Praktiken legt. Das Bewertungskriterium ist also nicht der Kompromiss, bei dem die Auswahl dem Mehrheitsgeschmack angepasst wird; das musikalische Qualitätsmerkmal wird durch die Aufwertung der Einzigartigkeit, des deutlich sichtbaren Unterschiedes, geprägt. Paradoxerweise gelingt es dem Pudel Club nicht nur, ein für sein Angebot aufgeschlossenes Publikum zu halten, sondern auch eine immer größere Legitimität zu erlangen: Das Publikum verlangt nach mehr.

Im Pudel wird besonderer Wert auf das Soundsystem gelegt. Ein Teil des Publikums kommt nur, um Musik zu hören oder zu tanzen. Das reichhaltige Angebot fällt dem/der/* Beobachtenden sofort auf: Der Club ist jede Nacht geöffnet, jede Nacht steht eine andere Person hinter dem DJ*-Pult, jede Woche werden internationale Akteur*innen vorgestellt. Das Programm folgt einem wöchentlichen Zyklus und lockt an jedem Abend der Woche sehr unterschiedliche Besucher*innen an. Ein Flyer, der vor allem am Veranstaltungsort selbst verteilt wird, präsentiert das Monatsprogramm: Die Montage und Dienstage usw. werden darauf zusammengefasst. Alle acht bis zehn Tage wird ein Newsletter verschickt, um das Programm anzukündigen und über außergewöhnliche Ereignisse zu berichten. Jeder Abend der Woche trägt einen anschaulichen Namen: Der Montag heißt „Montags montag", der rätselhaftere Mittwochabend „Die Kotze hat meine Jacke verklebt", das Samstagsmotto unterstreicht den spielerischen Aspekt des Abends mit „Pirate Park City Fun". Die minimalistische Aufmachung des Newsletters steht im Kontrast zur Reichhaltigkeit einiger seiner textlichen Inhalte, die auf sehr witzige Art die wichtigsten Beteiligten des wöchentlichen Line-ups vorstellen.

Die namhaftesten Beteiligten sind für Sonntag- und Donnerstagabend vorgesehen: Der Andrang ist groß, das Publikum besteht aus vielen Stammgäst*innen, die besonders aufgeschlossen sind. Auch von Montag bis Mittwoch besuchen vor allem Stammgäst*innen den Pudel, obwohl sie sich mit dem Publikum aus der Nachbarschaft

[→32] An dieser Stelle übernehme ich die Definition von Loza: „*The DJ creates a seamless musical tapestry by weaving the end of one record with the beginning of the second so that their beats are perfectly synchronized. For these beat-mixing activities, most club DJs employ the Technics SL 1200 (a double-deck variable-speed turntable with a high-torque direct drive motor, a precise pitch regulator, and a handy anti-skip mechanism) in conjunction with a Gemini, Numark, Urei, or Vestax, mixer (a board that allows the sound signals of different turntables to be heard separately or simultaneously* — it also modulates output volume and facilitates the cutting between distinct recordings via a cross-fader switch). *Besides perfectly matching beats, the DJ is responsible for ‚programming' the evening's music (programming is DJ*

mischen, das in den anderen Partylocations in der Umgebung kein ausreichendes Unterhaltungsprogramm findet. DJ*s sind dazu angehalten, sich mit qualitativ anspruchsvoller Musik auszudrücken, unabhängig von den Einschränkungen, die sie normalerweise bei kommerzielleren Veranstaltungsorten erfahren, wo der Publikumsgeschmack oft über den Chef des Ladens die DJ*s reglementiert. Die Resident-DJ*s spielen unterschiedliche Arten elektronischer Musik, Acid House und Techno[→34] in allen Variationen, aber auch Jazz, experimentelle Musik oder Hits von früher. Die Freitag- und Samstagabende wiederum ziehen ein Publikum an, das die restliche Woche berufstätig ist. Dadurch kann der Club seine wertvolle wirtschaftliche Unabhängigkeit bewahren.

Innerhalb der Gruppe ist es akzeptiert, dass die an Wochenenden gespielte Musik sowohl den Publikumsgeschmack als auch den des Teams trifft; und zwar ist diese ganz bewusst ausgewählt: „Vor einigen Jahren hatten wir ein Treffen mit allen, um herauszufinden, welche Art von Club wir führen möchten. Manche Abende waren zu langweilig geworden, keine*r hatte so richtig Lust zu arbeiten.“ Diese Sorge steht in logischem Zusammenhang mit der Sorgfalt, die das Erleben der Mitarbeiter*innen betrifft. Je nach deren Empfinden werden die Abende entweder fortgesetzt oder eingestellt: „Schließlich haben wir die Hip-Hop-Abende eingestellt, die zwar beliebt waren, aber kein angenehmes Publikum anzogen.“ Der Erfolg des Clubs erlaubt es ihm, weiterhin nach seinen eigenen Prinzipien zu leben; da der Pudel sowieso immer voll war, wurden auch die Freitag- und Samstagabende deshalb noch lange nicht „gewöhnlich“. Während das Musikgenre eher dem allgemeinen Trend entspricht, lassen sich insbesondere Abweichungen von der Norm feststellen. Dazu gehören beispielsweise die speziellen Abende mit „pakistanischer Musik“ oder auch DJ*s, deren Äußeres oft nicht den konventionellen Vorstellungen von „Sex-Appeal“ eines/r/* DJ*s entspricht, die in den Medien kursieren. Ein Hamburg-Reiseführer im Internet beschreibt den Ort folgendermaßen: „Wenn ihr Senioren oder Transsexuelle am Mischpult erleben wollt, geht in den Golden Pudel Club.“

Da das Programm des Golden Pudels sehr abwechslungsreich ist, kann sich übrigens nicht jedes Publikum in der im Club gespielten Musik wiederfinden: Es ist nicht immer leicht, ihr zuzuhören oder zu ihr zu tanzen, sie gefällt nicht allen. Ganz ähnliche Prinzipien wie bei der Interaktion mit der Bar lassen sich auch bei der Verbindung des/der/* DJ*s mit seinem/ihrem/* Publikum feststellen: Diejenigen, die sich über die Musik beschweren, werden gebeten zu gehen. Eine starke grundsätzliche Solidarität hält die Gruppe

parlance for the selection and combination of distinct records into a unified — and hopefully inspired — sonic narrative)“, Susana I. Loza, *Global Rhetoric, Transnational Markets: The (post) modern Trajectories of Electronic Dance Music*, Doktorarbeit, University of California, Berkeley, 2004, 117–118.

[→33] Alfred Gell, „Technology and Magic“, *Anthropology Today* 4, Nr. 2 (1988), 7, https://doi.org/10.2307/3033230.

[→34] Wir verweisen die Leser*innen auf die Dissertation von Susanna Loza (2004) und ihr bemerkenswertes Glossar der Genres elektronischer Musik (die Dissertation ist online verfügbar: http://hampshire.academia.edu/SusanaLoza/Papers/749479).

zusammen und die Entscheidung jede*r/s Einzelnen wird von allen unterstützt. Diese Unabhängigkeit vom Publikumsgeschmack kann jederzeit in Erscheinung treten und ist sogar ein Mittel, das zur Regulierung der Clubatmosphäre eingesetzt wird. Laut einiger Aussagen, und auch ich selbst habe es miterlebt, können die DJ*s einen Teil des Publikums verscheuchen (sie „spielen Menschen raus"), wenn sie es nicht mögen, z. B. indem sie minutenlang zeitgenössische experimentelle Musik spielen. Als ein Resident-DJ von einem der Veranstalter*innen gefragt wurde, warum er den Club mitten in der Nacht leer spiele, antwortete er ihm: „Du weißt doch, dass ich es nicht mag, wenn die Leute reden, wenn ich auflege. Und schau mal: Die reden immer noch!" Einmal mehr zeigen sich hier Freiheit und Bereitschaft zum Zusammensein, die sich an konkrete Eigenschaften anpassen, die von der Gruppe perfekt integriert zu sein scheinen. Die individuelle Freiheit zu verteidigen bedeutet, einen Freiraum für die Gruppe zu verteidigen: Gäst*innen, die es wagen, sich ein Lied oder tanzbarere Musik beim/bei der/* DJ* zu wünschen, werden schroff in ihre Schranken verwiesen und aufgefordert, sich einen anderen Ort zum Tanzen zu suchen.

Im Laufe der Jahre hat sich im Pudel ein spezielles Publikum herausgebildet, das offener, neugieriger und respektvoller ist. Der Ort wird auch wegen seines Publikums und seiner Atmosphäre geschätzt: „It is supposedly the best club in the world", bestätigte mir ein englischer DJ, der den Pudel besuchte. Resident-DJ*s sind an die Bedingungen gewöhnt und vermissen sie schmerzlich, wenn sie auf Tour sind. „It's a curse to play all the time at the Pudel. Because the crowd is so special, up for everything, when you go play outside it can never be as good." Die Arbeitsatmosphäre wird von der DJ*-Community geliebt, für die der gängige Geschmack der Clubber*innen, der Clubbetreiber*innen und Booker*innen als befremdlicher Zwang empfunden wird. „In other places, I have the feeling to be consumed." So zieht der Golden Pudel namhafte Künstler*innen an, was den Ort trotz der kleinen Tanzfläche zu einer Hochburg elektronischer Musikkultur macht.

Der Ort befindet sich im Zentrum einer Galaxie aus Musiker*innen, Produzent*innen und DJ*s, deren Anzahl im Laufe der Jahre wächst, während sie „fließend" in Bewegung bleibt. „Keiner weiß, wie viele Veranstalter*innen es gibt. Es sind Hunderte von Menschen", erzählt Ralf. Sonntags finden die wichtigsten Kulturveranstaltungen statt, die Crème de la Crème der europäischen Elektromusik tritt außerhalb ihrer üblicherweise großen Bühnen auf, um Ralfs Einladung zu folgen. Der Booker der mittlerweile zur Institution gewordenen Reihe MFOC (Musik Fetischisten Ohren Charakter) hat sich im Laufe der Jahre zum wichtigsten Programmplaner des Hauses entwickelt. Der Freigeist öffnete den Club für elektronische Musik und etablierte ihn auf internationalem Niveau.[→35]

Die Abende werden anderen Programmgestalter*innen zugeteilt, die selbst auch DJ*s sind, je nach Anfragen und Vorschlägen, die per Mail an die Gruppe oder direkt an Ralf gerichtet werden. Viele Gruppenmitglieder sind für einen Abend im Monat zuständig, den sie nach Lust und Laune gestalten: Entweder legen sie selbst auf oder sie öffnen ihn für ihre Gäst*innen. Das flexible System verleiht dem Ganzen seine besondere Performativität und verteilt seine kulturelle Tatkraft (Agensfähigkeit) auf eine große Anzahl von Akteur*innen, was weitgehend den avantgardistischen Charakter, die Lebendigkeit und das umfangreiche Musikspektrum erklärt. Es erklärt außerdem die Entstehung eines Netzwerkes aus Akteur*innen, die eingeladen werden und diese Einladungen annehmen. Dies ist Teil einer Umverteilung der Clubeinnahmen, die größer sind als die des Barpersonals: Die Musiker*innen werden systematisch bezahlt, sie erhalten eine festgelegte Gage.

Laut Sebastian tragen all diese Umstände dazu bei, dass die Interaktion zwischen DJ* und Publikum gut funktioniert und Künstler*innen gerne wiederkommen: „Was im Pudel gut ist, dass Eintritt und Getränke nicht teuer sind, die Grundvoraussetzungen aber alle erfüllt sind: eine qualitativ hochwertige Anlage, Musiker*innen werden immer bezahlt, sie erhalten eine festgelegte Gage, und die Getränke sind gut und billig. An anderen Orten werden die Grundvoraussetzungen zum Wohlergehen des/der/* DJ*s nicht beachtet und sie verlangen trotzdem gesalzene Preise für die Getränke."

Wie wir bereits bei der Dekoration festgestellt haben, dominieren in der Beziehung zwischen Personal und Publikum und in der Art der musikalischen Performance und deren Rezeption Authentizität und Spontaneität als konvergentes Mittel der Beziehung zum anderen, Authentizität als Kohärenz des inneren und äußeren Wesens sowie Spontaneität als Kohärenz zwischen dem inneren Zustand und der Handlungsweise. Dieses Beziehungsmodell zum anderen definiert eine Wesensart, die besonders und „gegen" eine andere Entität sein möchte, womit die Außenwelt gemeint wäre. Wir denken, dass es relevant ist, diese Entität als eine Art zu betrachten, die alles andere bestimmt. Die jüngsten Ereignisse im Clubleben haben übrigens dazu geführt, dass dies noch verstärkt wurde. Kürzlich hat ein Ereignis dazu geführt, dass die Gruppe sich über die Diskrepanz ihrer Handlungsweise und Wesensart bewusst wurde. Dabei wurde die Grenze ihrer Toleranz und ihres Widerstands deutlicher festgelegt.

[→35] Will Lynch, „Golden Pudel: Die Welt Ist eine Pudel", *Resident Advisor* (blog), 22. Juli 2013, https://ra.co/features/1864.

1.7 →
Artikel aus der Morgenpost vom 11.9.11: „Der Pudel leckt seine Wunden", Viktor, Sebastian und Ralf stellen drei neue, vom Club produzierte Platten vor.

Der Pudel leckt sein Wunden

Fotos: Ulrike Schmidt, B (mfr)

Zoff hin oder her: Die Club-Macher tun wieder das, worin sie am be

Seit Juni geht ein Riss durch Hamburgs berühmtesten Club. Seit Mit-Inhaber **Wolf Richter** im ersten Stock gegen den Willen der Rest-Pudelaner seine Bistro-Idee durchboxte (die MOPO berichtete). Es herrscht Funkstille zwischen oben und den Machern des Subkultur-Ladens im Erdgeschoss.

Ihren unnachahmlichen Humor hat sich die Pudel-Crew aber bewahrt! Drei famose EPs – **Pudelprodukte 13, 14, 15** (so heißen die Platten)– werfen die Betreiber **Viktor Marek, Ralf Köster** und Künstler **Booty Carrell** jetzt auf den Markt. Die MOPO traf die drei zum Gespräch.

Als neue Pudel-Hymne gilt „**Check the Horse**": „Ein Freund von uns reiste durch die Mongolei und rätselte, was die Männer wohl meinen, wenn sie sagen ‚I will go check the horse'. Irgendwann schnallte er, dass die so das Pinkelngehen umschreiben

oty Carrell, der d

Waits"-artigen Song m

Marek schrieb.

Neben der düsteren

des Duos **Demdike Stare,**

Rocko Schamonis „Der M

Remix von „**Atom Heart**". I

genden Textzeilen: „Ic

Beobachter/Ich stehe la

ganz oben und bin ei

(...)/Ich habe keine

wenn sich jemand sch

Der Glanz des Pudels vergeht nicht: Viktor Marek, Booty Carrell mit Hund „Pfennig" und Ralf Köster vor dem Club, innen leuchtet die Discokugel.

Wassertage @ Haus 73

Zwei Jahre Dear @ Ego

Get Closer @ Waagenbau

Extraweit Release-Party @

Drei grandiose Platten werfen sie jetzt auf den Markt

nimmt/und wenn er Gutes tut, dann ist das gut bestimmt".

„Den Text kann man sowohl auf privater Ebene als auch politisch verstehen", kommentiert **Marek**. Schließlich setzte sich das Pudel -Kollektiv fürs **Schauspielhaus** genauso wie für die **Flora** ein. Kritik an bürgerlicher Bequemlichkeit. Aber auch an einem Pudel-Chef, der sich aus dem internen Zwist ums Restaurant weitgehend heraushielt. Der Pudel leckt seine offenen Wunden! Die Trennung vom Restaurant hat für den Club auch sein Gutes: „Wir verballern jetzt all unsere Energie hier unten", so Marek. „Wir streiten nicht mehr darüber, ob es im Restaurant Suppe oder Eintopf geben soll", sagt Köster. Der Pudel gedeiht: Neue Fenster, eine frische Eichenholz-Bühne und besseres Programm denn je!

Heute (22 Uhr, Eintritt frei) Release Party der drei Platten: Viktor Marek & Booty Carrell präsentieren mit Pudel-Chor „Check the Horse", Demdike Stare und Köster alias Rüftata110 treten auf.

1.6 Ein Kultur-konflikt?

Im Juli 2011 wurde eine Mitteilung aus der Mailingliste des Golden Pudel Clubs von der Lokalpresse veröffentlicht. Dabei ging es darum, dass das Pudelteam die Eröffnung eines kommerziell ausgerichteten Unternehmens, eines Restaurants, anprangerte. Ein Gemeinschaftscafé im ersten Stock des Clubs war dadurch verdrängt, seine Schlösser ausgetauscht sowie das Personal entlassen worden.

2003 erwarb ein Außenstehender Clubanteile, nachdem umfangreiche Sanierungsarbeiten des Gebäudes erforderlich geworden waren: ein Jugendfreund des Mitgründers Rocko Schamoni, der von allen unbemerkt gemeinsam mit ihm investierte und eine Rechtsform gründete. Vor einigen Jahren war im oberen Stockwerk ein Café eingerichtet worden, in dem die Clubmitarbeiter*innen ein und aus gingen. Dieser Akteur beschloss plötzlich, einen beträchtlicheren Gewinn aus seiner Investition zu erzielen. Er wechselte über Nacht die Schlösser aus, ersetzte den „Pudel Salon" durch ein Feinschmeckerrestaurant und setzte einen externen Geschäftsführer ein, der das gesamte Personal austauschte. Die Clubbüros im Obergeschoss wurden in Lagerräume umgewandelt; wo früher das für die Programmgestaltung zuständige Team arbeitete, stapeln sich in 2011 Getränkekisten. Das Restaurant zahlt keine Miete, es sind die Clubeinnahmen, die dafür aufkommen.

Trotz Einschalten einer Mediatorin waren die Verhandlungen erfolglos. Als das Restaurant eröffnet wurde, gab der Pudel offiziell bekannt, dass es nicht vom Verein unterstützt werde und dass es ein privates, gewinnorientiertes Unternehmen sei. Daraufhin antwortete der Teilhaber in einem Interview mit einer Lokalzeitung[→36], dass sein Handeln rein auf die Allgemeinheit ausgerichtet sei: „Kunst soll doch für alle sein", sagte er und begründete seinen Sinneswandel mit dem öffentlichen Interesse und dem der Mitarbeitenden: „Ist doch schön, wenn alle, die mitmachen, angemessen bezahlt werden."

Mehrmals wurde in den Gesprächen die Vorstellung von zwei unterschiedlichen „Kulturen" zur Sprache gebracht, die diesem Konflikt zugrunde liegen und die homogen und gegensätzlich seien. Einerseits wird die „Kultur" des Pudels als uneigennützig und nicht kommerziell dargestellt: Es wird abgelehnt, Verträge zu unterschreiben — stattdessen werden lieber mündliche Vereinbarungen

[→36] *„Des Pudels Kernspaltung"*, taz.de, 16.06.2011, zum letzten Mal besucht am 05.07.2012.

getroffen, um einen Vertrag zu besiegeln. In diesem Handlungsrahmen werden die Einnahmen aus der Tätigkeit unter den Mitarbeitenden und den unterschiedlichen Veranstalter*innen umverteilt; der Rest wird für die Instandhaltung der Infrastruktur verwendet — am häufigsten beispielsweise für den Einbau von neuen Fenstern anstelle von Fensterläden aus Holz. Schorsch Kamerun, eines der beiden Gründungsmitglieder, hat mir versichert, dass er nie mit dem Club Geld verdient habe. Auch wenn der Golden Pudel ein wichtiges Projekt im Leben seiner Mitglieder ist, so ist er doch für keine/n/* von ihnen die Hauptbeschäftigung. Auf der anderen Seite steht die „Kultur" der Unternehmer*innen mit ihrer rechtlichen Unterstützung, die sich durch ihren Verdienst rechtfertigt. Eine der Cluborganisator*innen berichtete, dass dieser Teilhaber der Einzige gewesen sei, der seine Arbeitsstunden aufschrieb, wenn er etwas reparieren musste. Eine Barfrau erzählte mir auch, dass er sich immer um die Clubeinnahmen zu sorgen schien. Dieses Individuum, das laut Ansicht der Allgemeinheit schlecht in die Gruppe integriert war, erreichte sein Ziel durch seine praktische Herangehensweise. Er ist heute einziger Privatier des Golden Pudel Clubs und entfacht damit den Zorn der „Pudelgruppe von unten". Im Sommer 2011 erklärte der Club während des letzten Open Airs namens „Endlich oben ohne" seine Loslösung von der Rechtsform für rechtskräftig.

Auf dem Festival war ein einziges Banner zu sehen. In Grün auf rosafarbenem Hintergrund gestickt verkündete es folgenden Satz: „Kein Frieden als Sklaven der Pyramiden". Der Konflikt hat das Kernteam zweifelsohne noch enger zusammengeschweißt. Die Veranstaltung bot die Gelegenheit für kollektive Redebeiträge im Namen des „Pudels" und zeigt uns ein nicht legales Gebilde, das nicht klar umrissen ist, aber mit einer sehr realen Präsenz, deren animalische Form in der Konfrontation mit einer als Feind bezeichneten Andersartigkeit noch einmal aktualisiert wurde. Das war noch nichts im Vergleich zu der Mühsal, die darauf folgte.

1.7 Burn to be alive

Im Hochsommer 2016, ich lebte damals schon in Berlin, fragte mich mein Mitbewohner, als ich gerade von der Arbeit zurückkam: „Was ist der Golden Pudel Club, und warum fühlt es sich so an, als müsste ich ihn kennen?" Die deutschen Medien und die internationale

1.8 →
Poster für Fundraiser Party in Berlin, © Alex Solman, 2017.

0904 ABOUT BLANK

Clubbing-Blog-Szene berichteten mit großem Interesse über dieses scheinbar triviale Ereignis: Der Golden Pudel Club war abgebrannt, Menschen waren allerdings nicht zu Schaden gekommen.[→37] Eine Reihe großer Namen gestand ihre Liebe zu dem Ort, der immer wieder als einer der besten Clubs der Welt gefeiert wurde. Viele Prominente, darunter der Komiker und Musiker Helge Schneider und die international berühmte Produzentin elektronischer Musik Helena Hauff, posteten kurze Videos, um die Spendenaktion „Rettet den Pudel" zu unterstützen. Der Brand war der Höhepunkt zahlreicher Rechtsstreitigkeiten um die Eigentumsverhältnisse des Clubs, in deren Verlauf das Kollektiv einen Verein gründete, den Pudel Verein für Gegenkultur e.V. (kurz: VerFüGe). Nach zwei schwierigen Jahren wurde die Golden Pudel Stiftung gegründet; die Mara und Holger Cassens Stiftung — eine lokale private Stiftung für Kunst und Jugendkultur — stellte eine halbe Million Euro bereit, um dem Pudel bei der Lösung seiner Probleme zu helfen. Mit der Unterstützung dieser beiden Institutionen erhielt das Managementkollektiv VerFüGe des Clubs freie Hand bei allen Entscheidungen, die die Geschäftsführung betrafen. Der Pudel und seine Kultur waren wieder gesichert und in einer stärkeren Position der Corona-Pandemie gegenüber, die so viele andere Clubs einige Jahre lang lahmgelegt hatte.

Jetzt ein kurzes Fazit: Die Pudel-Community ist aus einer „Clique" hervorgegangen. Es ist eine kleine Gruppe von Freund*innen, die in der Hamburger Szene immer mehr an Bedeutung gewinnt. Aus einem harten Kern, der sich Anfang der 90er Jahre zusammenfand, entwickelte sich ein komplexes Netzwerk des Austausches, das nach und nach verschiedene kulturelle Szenen Deutschlands mit einbezog und Persönlichkeiten aus der Welt der Undergroundmusik über Landesgrenzen hinaus integrierte. Der Ort, der gleichermaßen kulturelle Ressourcen ausnutzt, Partylocation und Brutstätte für die Entwicklung neuer Ideen ist, verleiht dieser Gruppe sowohl ihre Daseinsberechtigung als auch eine besondere, besonders widerstandsfähige Form.

In diesem Kapitel haben wir die besondere Atmosphäre des Ortes beschrieben. Wir haben festgestellt, dass die unterschiedlichen Interaktionsformen Ausdruck einer bestimmten Beziehungsform zur Außenwelt sind, sowohl in der Bar als auch in der Musik oder in der Kommunikation der Gruppe als kollektiver Einheit. Diese Beziehung zur

[→37] Cornils, K. (2016), Golden Pudel: ‚Hamburg weint' — und die Welt weint mit, Groove. https://groove.de/2016/02/15/golden-pudel-club-hamburg-weint-ralf-koester/; Schaefer, D. (2016) *Warum der Golden Pudel Club weiter ums Überleben zittert*. http://www.abendblatt.de/hamburg/hamburg-mitte/article208501499/Warum-der-Golden-Pudel-Club-weiter-ums-Ueberleben-zittert.html; Twickel, Christoph (2016), ‚Golden Pudel Club: Dachschaden', *Die Zeit*, 6. April. http://www.zeit.de/2016/15/golden-pudel-club-brand-streit-ruine-hamburg.

Außenwelt scheint von einer bestimmten Handlungsweise und einer Art des Zusammenseins geprägt zu sein, die Handlungen und Gefühle der Mitglieder unterstützt und gleichzeitig alle Mitglieder zu Bürg*innen für die an diesem Ort herrschende Freiheit macht. Die Lebensenergie des Ortes scheint ihre Wirksamkeit in der Produktion eines spezifischen Agenstyps zu finden, der es der Gruppe ermöglicht, sich weit über diesen Raum hinaus zu entfalten, um ihr bewegliches Netzwerk aus Akteur*innen zu bilden. In den folgenden Kapiteln werde ich versuchen, die Metamorphose des Individuums in einen spezifischen Kulturagens zu modellieren und die Rolle des Ortes in dieser Umgestaltung der internen und externen Kontexte der Person zu verstehen; dies wird durch die Konstruktion von drei zentralen Attributen ermöglicht: Stil, Reputation und Netzwerk.

2

Das Netzwerk und sein Agens: Der Pudel und seine Werke

2.1 Das Netzwerk innerhalb des Ereignisses

Anstatt symbolische Inhalte von Werken oder Diskursen zu analysieren, werden wir uns mit Konfigurationen auseinandersetzen, durch die sich eine Person konstruiert oder im Laufe der Erfahrung konstruiert wird; dabei verfolgen wir ganz bewusst einen pragmatischen Ansatz. Wir werden erleben, wie die eigentliche Existenz des Kulturagens durch sein Zusammenspiel mit anderen Entitäten erzeugt wird; mit Attributen, die ihm in der Situation bestimmte Eigenschaften verleihen, die es auf eine bestimmte Art existieren lassen. Die charakteristische Präsenz, die ihm die Existenz verleiht, verändert tatsächlich den Verlauf individueller Strecken, angefangen bei der abendlichen Route derjenigen, die beschließen, in den Golden Pudel zum Tanzen zu gehen, bis hin zum künstlerischen Prozess derjenigen, die sich darauf einlassen, im Golden Pudel aufzutreten und so dem Club ihre Präsenz zu leihen.

2.1.1 Wer sind die „residents" des Pudels?

Wie schaffen es die Agenzien auf das DJ*-Pult des Golden Pudels? Im ersten Kapitel haben wir kurz das rotierende Bookingsystem beschrieben, mit dem der Club arbeitet. Dieses System ermöglicht die Beteiligung vieler Personen, was teilweise die Entwicklung des „Netzwerkes" der Agenzien erklärt. Ralf ist heute der wichtigste Booker des Clubs. Ende der 90er Jahre begann er langsam, diesen Platz einzunehmen. Er ist als derjenige bekannt, der den Club sowohl für elektronische Musik als auch für die internationale Szene öffnete, besonders durch seine Verbindungen zu den englischen Plattenlabels Warp und Rephlex. 1991 begann er mit einigen Freund*innen, Partys an verschiedenen Orten zu organisieren. Damals gründete er die Bookingagentur Musik Fetischisten Ohren Charakter, deren Haupttätigkeit bis heute in der Organisation der berühmten Sonntagabende im Pudel besteht. Auch wenn Ralf den Überblick über künftige Veranstaltungen hat, so kümmert er sich offiziell nur um die Partys am Sonntagabend. Für die anderen Abende sind andere Programmplaner*innen zuständig. Eva erklärt, wie die Rekrutierung der „Residents“, Booker*innen und DJ*s, funktioniert: „Normalerweise lassen wir die Leute, die an der Bar arbeiten, bei ein, zwei Partys auflegen, wenn sie Lust dazu haben. Und wenn das gut läuft, geben wir ihnen irgendwann eine Party, die sie organisieren dürfen.“ Das von Eva verwendete „wir“ zeigt, dass es nicht korrekt wäre zu sagen, dass Ralf die Auswahl alleine trifft. Er ist nicht der „Chef“ des Pudels. Natürlich werden die Entscheidungen im Einvernehmen getroffen, es muss immer „passen“, „allen recht sein“, vor allem wenn es darum geht, neue Akteur*innen mit einzubeziehen. Die Gruppenmitglieder erkennen jedoch schnell, dass drei Akteur*innen wirklich zentral für die Entscheidungsfindung sind: Ralf, Viktor und Charlotte. Viktor Marek ist einer der wichtigsten Programmgestalter*innen des Ortes: Als Musiker, DJ und Produzent kümmert er sich um die Partys an den Donnerstagen. Er ist auch für die Logistik der Bar zuständig und kümmert sich um deren Management. Charlotte Knothe wiederum ist für das Barpersonal zuständig, rekrutiert neue Leute und führt die Schichtpläne. Sie ist Journalistin von Beruf und auch im Pudel als DJ tätig. Alle Pudel-Programmgestalter*innen waren DJ*s, bevor sie die Programmplanung übernommen haben. Normalerweise legen sie zuerst an eher ruhigen Abenden auf, zum Beispiel montags. Wenn es gut läuft, werden sie dann in der Regel eingeladen, mit anderen Resident-DJ*s an einem Mittwoch- oder Donnerstagabend aufzulegen. Bei wachsender Erfahrung und Bekanntheit im Pudel können „Anfänger-DJ*s“ schließlich externe DJ*s einladen, mit ihnen bei einer Party aufzulegen: Die beiden Namen werden dann im Programm miteinander verknüpft. Die Bezahlung des Clubs ist festgelegt, sowohl für die Organisator*innen als auch für die eingeladenen Musiker*innen. Neue DJ*s sind für die Abendgestaltung verantwortlich: Sie werden auch an dem Abend auflegen und die eingeladenen Künstler*innen empfangen. So werden DJ*s zu Resident*innen. Ein aktuelles Beispiel, das diesen Prozess besonders verdeutlicht, ist das von Nina: in 2011 findet einmal im Monat die Party „Nina trifft“ statt; zum Titel der Reihe wird jeweils der Name des/der/* eingeladenen Künstler*in hinzugefügt. Einige der DJ*s, die ihr Debüt im Pudel hatten, sind zu international bekannten Künstler*innen geworden und haben ihre eigenen Produktionsfirmen, ihre „Labels“, gegründet. Einer von ihnen ist Lawrence, der mit richtigem Vornamen Pete heißt und 1997 begann, im Pudel aufzulegen. Er ist einer der ersten und aktivsten Organisator*innen des Clubs. 1999 gründete er das Label Dial, das heute für Kenner*innen als absolutes Muss gilt — sein Ansatz von „romantischem“ Techno sollte die europäische

Housemusic revolutionieren. Andere, wie Sebastian (Booty Carrell), sind im Laufe der Zeit dazugestoßen. Die Hauptorganisator*innen achten darauf, neue Leute ins Netzwerk des Clubs einzubinden, sei es hinter der Bar oder direkt an den Plattenspielern. Damit möchten sie neue Einflüsse zulassen, auch auf die Gefahr hin, dass das nicht funktioniert: „Wir wussten nicht, ob Sebastian mit dem Club kompatibel sein würde“, und beziehen sich dabei auf das untypische Musikrepertoire des DJs, das auf orientalische Musik der 70er Jahre ausgerichtet ist. Schließlich wurde Sebastian zu einem der wichtigsten Organisatoren des Ortes. Dank seiner Verbindungen zum englischen Label Finders Keepers gilt er als wichtigster Akteur bei der Öffnung des Veranstaltungsortes für den internationalen Markt. Durch die Weiterentwicklung der alten und die Aufnahme neuer Teammitglieder stehen dem Club unzählige neue Wege offen. Das sorgt für eine hohe Dichte an „zu vollbringenden Werken“, und der Pudel bemüht sich, diese „anzustoßen“. Indem er jeden Abend einen „Act“ präsentiert, hat der Club in den 30 Jahren seines Bestehens mehr als 10.000 gemeinsame Veranstaltungen verwirklicht.

2.1.2 Das Netzwerk, ein Konzept der stetigen Veränderung

Das Netzwerk ist ein viel bemühtes Konzept. In der Ethnologie wird es mit den Studien der Manchester School und mit John A. Barnes’ Werk über informelle Netzwerke der gegenseitigen Bekanntschaften im urbanen Kontext in Verbindung gebracht.[→38] Mit der Entwicklung der Kommunikationstechnologien ist die Verwendung des Wortes „Netzwerk“ eng mit der von technischen Netzwerken oder Computernetzwerken verbunden, gleichermaßen aber auch als Organisationsform menschlicher Akteur*innen, die durch diese neuen Kommunikationstechniken ermöglicht wird.[→39] Das Konzept des sozialen Netzwerks greift im allgemeinsprachlichen Sinn immer weiter um sich: Nachdem es in Managementbüchern als strategisches Karrierewerkzeug eingeführt wurde, wird es in Form von IT-Anwendungen, deren berühmtestes Beispiel Facebook ist, der Mehrheit zugänglich gemacht. Die Beherrschung jenes Werkzeugs, das ursprünglich für die Vernetzung von Studierenden der besten amerikanischen Universitäten erfunden wurde, wird für Hunderte Millionen Menschen hinsichtlich ihres sozialen Erfolgs zu einer echten Herausforderung.

Mit ihrer Akteur-Netzwerk-Theorie haben Bruno Latour und Michel Callon

[→38] John A. Barnes, „Class and Committees in a Norwegian Island Parish“, *Human Relations 7*, Nr. 1 (1954): 39–58. Ulf Hannerz, *Exploring the City: Inquiries toward an Urban Anthropology* (New York: Columbia University Press New York, 1980), 163-201.

[→39] Bruno Latour, *Reassembling the Social: An Introduction to Actor-Network-Theory* (OUP Oxford, 2005), 197.

dem Konzept des Netzwerks eine komplett andere operative Wirksamkeit verliehen, indem sie von vollkommen anderen Voraussetzungen ausgehen.[→40] Laut diesem neuen Paradigma sind es nicht nur Akteur*innen, die ihre Netzwerke bilden, sondern auch das Netzwerk selbst bringt Akteur*innen hervor. Der eigentliche Unterschied zu den bisherigen Definitionen besteht darin, dass die Autoren die Überlegung über Akteur*innen auf alle existierenden Formen ausweiten, indem sie den von dem Semiologen A. J. Greimas geprägten Begriff des „Aktanten" (nicht-menschlicher Akteur) verwenden. [→41] Laut Latour werden so Menschen, Objekte und wissenschaftliche Theorien durch ein bewegtes Netzwerk zum Leben erweckt, dessen Stabilität menschlichen oder nicht-menschlichen Akteur*innen eine Existenz und Substanz verleiht.[→42]

Wir sollten jedoch auch Tim Ingolds Kritik am Netzwerkbegriff bedenken: Das Leben der Agenzien manifestiert sich als linearer Verlauf[→43] und nicht etwa als ein fest zusammenhängendes System, eine topografische Karte von Anordnungen, die erst im Nachhinein von Forscher*innen erstellt wird. Latour entgegnet dieser Kritik, indem er sich auf den Philosophen Souriau beruft, den Ästhetik und Werke besonders interessierten: Laut Souriau ist die „Strecke" von „Wesen" eine permanente Abfolge von Ereignissen, die gelingen oder scheitern können.[→44] Der Philosoph verwendet das Verb „errichten", um die Art und Weise zu beschreiben, wie das Werk durch seine Materialien und Zustände sowohl von Künstler*innen als auch vom Werk selbst vollbracht wird. Indem er mehrere „Modi der Existenz" unterscheidet, betont Souriau den besonderen Existenzmodus „des zu vollbringenden Werkes": das noch unvollendete, noch nicht gedachte, das immer Gefahr läuft, nicht errichtet zu werden, aber auf gewisse Weise potenziell schon existiert.[→45]

Offensichtlich unterscheidet sich dieses Denken sowohl von einer Kunstgeschichte, die Künstler*innen als absolute Erfinder*innen des Kunstwerkes sieht, als auch von einer Soziologie, die ihre ganze Aufmerksamkeit auf das durch seinen sozialen Kontext bestimmte Subjekt legt. Souriau, Leser von William James, steht insofern in der Tradition des pragmatischen Ansatzes: Er interessiert sich vor allem für die Praktiken, Mittel und Konfigurationen, die das Agens gleichermaßen „errichten" und „zum Handeln bringen". Diese Vorstellung nimmt eine herausragende Position in Latours Denken und seinem Begriff des „Netzwerks" ein, ein Netzwerk, das Akteur*innen gleichzeitig mit ihren Werken „errichten".

[→40] Für einen historischen Überblick siehe Madeleine Akrich, Michel Callon und Bruno Latour (Hg.), *Sociologie de la traduction: Textes fondateurs* (Paris: Transvalor — Presses des mines, 2006); Anders Blok, Ignacio Farias und Celia Roberts, *The Routledge Companion to Actor-Network Theory* (London, New York: Routledge, 2019).

[→41] Roar Høstaker, „Latour — Semiotics and Science Studies", *Science & Technology Studies* 18, Nr. 2 (2005): 5—25, https://doi.org/10.23987/sts.55177.

[→42] Siehe z. B. Bruno Latour, *Pandora's Hope: Essays on the Reality of Science Studies* (Harvard University Press, 1999), 162.

[→43] Tim Ingold, *Lines: A Brief History* (London, New York: Routledge, 2007), 75.

2.1.3 Das Netzwerk als Reservoir der „zu vollbringenden Werke"

In welcher Form findet sich also das „Netzwerk" in den Interaktionen der Agenzien? Gehen wir einmal davon aus, dass das Netzwerk einer Person in gewisser Weise ein Adressbuch von Agenzien ist, die dank relevanter Informationen vergegenwärtigt werden können. Das Wissen um ihre Existenz, aber auch ihre Bezugspunkte sind tatsächlich notwendig, um diese Agenzien zur Zusammenarbeit zu bewegen. Durch die Informationen ist es möglich, eine „Verbindung" herzustellen, die natürlich nicht permanent aktiv ist, aber bei Aktivierung wiederhergestellt wird. Das Vorhandensein dieser potenziellen „Verbindung" ermöglicht es der Person, neue Werke zu erschaffen: Es verleiht ihr eine gewisse Macht, die von ihresgleichen anerkannt wird.

Nehmen wir beispielsweise den Fall eines Musikstücks, das im Pudel von einem/ einer/* eingeladenen Künstler*in gespielt wird. Ein/e/* Pudel-DJ* hört das Stück und fragt begeistert nach dem/der/* Urheber*in des Werkes. In der darauffolgenden Woche geht diese Person zu ihrem Plattenladen (oder besucht einen Online-Shop) und kauft ein Exemplar des Werkes, das sie in ihrer Sammlung aufbewahrt. Es ist tatsächlich dank der Information (der Referenz), die das Agens über das Musikstück hat, sowie der Beziehung, die es mit diesem Werk durch den Erwerb einer Kopie hergestellt hat, dass dieses Werk in einem neuen Ereignis, in einem neuen Werk, verwendet werden kann.

Genau wie DJ*s Tracks auswählen, um sie bei ihrem Auftritt zu einem neuen Werk aneinanderzureihen und zu vermischen, suchen Veranstalter*innen verschiedene DJ*s aus, um eine Location für eine Nacht mit Leben zu füllen, und der/die/* Chefbooker*in wählen wiederum verschiedene Booker*innen, um die Location einen Monat lang zu bespielen. Alle Akteur*innen nutzen ihre Netzwerke, indem sie Möglichkeiten konkretisieren, dank der Nutzung der in ihren „Adressbüchern" enthaltenen Informationen und der Reaktivierung von Verbindungen, die nach und nach, von Abend zu Abend, von „DJ*-Set" zu „DJ*-Set" und von Track zu Track realisiert werden.

Der Abend ist die erste Art von Werk, die dem Pudel und seinen Agenzien zuzuschreiben ist: Diese Events bringen viele Akteur*innen am Veranstaltungsort zusammen, einerseits Booker*innen und eingeladene Künstler*innen sowie das Barpersonal, andererseits verschiedene Arten von Stamm- oder Laufkundschaft. Die Programmgestalter*innen „errichten" das Event, erfüllen es mit Leben, indem

[→44] Étienne Souriau, *Die verschiedenen Modi der Existenz* (Meson Press, 2015), 109.
[→45] Souriau, *Die verschiedenen Modi der Existenz*, 212.

sie dieses Treffen organisieren. Bevor es stattfand, war es nur potenziell: Es existierte bereits als „zu vollbringendes Werk“.[→46] Auch wenn die Namen der eingeladenen DJ*s oft größer auf dem Plakat stehen als die der Organisator*innen, ist die Veranstaltung vor allem das Werk von Letzteren.

2.1.4 Dem Ereignis einen Anlass geben, es vollbringen

Ohne die Anzahl der Entitäten jemals komplett bestimmen zu können, die das Ereignis gestaltende Kollektiv ausmachen, folgen hier die wichtigsten „Aktanten“, die wir an einem gewöhnlichen Abend im Pudel Club leicht ausfindig machen können: Da wäre zunächst das musikalische Agens, das für den Abend gebucht wurde, zusammen mit einer oder mehreren Person/en, Maschinen und/oder Schallplatten, einer damit zusammenhängenden Produktionsfirma oder einem Label. Und der Pudel mit seinen Organisator*innen, die auch oft selbst auflegen, also ihre Platten mitbringen, Illustrator*innen des Plakats, die anderen anwesenden Booker*innen, Barpersonal und die Bar selbst mit ihren Bierflaschen, die Stammgäst*innen, das Laufpublikum, das Clubgebäude ...

Das Ereignis wird als eine gemeinsam von den mehr oder weniger im Vordergrund stehenden Agenzien ausgeführte Aktion erlebt, als eine Erfahrung, die (mehr oder weniger, aber immer!) ihre Teilnehmenden verändert. Die Bierflaschen sind geleert, auf dem Gebäude sind noch ein paar Graffitis und Plakate mehr angebracht ... Die Auswirkungen des Ereignisses auf andere Entitäten sind jedoch schwieriger auszumachen.

Das Ereignis des Treffens zwischen Künstler*in und dem Pudel Club bestätigt offiziell die Beziehung zwischen diesen Entitäten, indem sie diese „in die Tat umsetzt/realisiert“: Die Beziehung wird als Referenz abgespeichert. Wenn eine/r/* der beiden Agenzien die Beziehung vergisst, kann der/die/* andere auf das gemeinsame Werk verweisen, um sie wieder zu aktivieren. Unabhängig davon, ob das Werk gelungen oder missraten ist, werden die nachfolgenden Interaktionen zwischen den Agenzien beeinflusst. Wenn die Veranstaltung erfolgreich ist, werden die Künstler*innen wieder eingeladen und nehmen die Einladung erneut an. Die Platten, die sie aufgelegt haben, oder einige ihrer Techniken werden von den Teammitgliedern erneut aufgegriffen, das Publikum wird wiederkommen. Der Erfolg der Veranstaltung gibt dem Agens eine zusätzliche Legitimation, einen Beweis, dass es dazu in der Lage

[→46] Souriau, *Die verschiedenen Modi der Existenz.*

ist, Verbindungen herzustellen. Das Agens Pudel, aber auch die Gruppenmitglieder haben an diesem Abend ein wenig Präsenz, einen Überschuss an Existenz gewonnen: Das Ins-Werk-Setzen des Ereignisses verschafft ihnen neue Eigenschaften, die ihre zukünftigen Wege beeinflussen, neue Werke und Verbindungen ermöglichen. Dank der Verbindung, die die Programmgestalter*innen mit eingeladenen Künstler*innen eingegangen sind, teilen sie in erster Linie den Zusammenhang mit den Gruppenmitgliedern. Die Künstler*innen werden Teil der gemeinsamen Referenzbasis der Resident*innen vor Ort. Im Laufe des Abends werden auch die gespielten Tracks ausgetauscht: Veranstalter*innen sind gleichzeitig Resident-DJ*s, sie übernehmen die Eröffnung und im Allgemeinen auch das Ende des Abends. Sie bleiben an der Seite der Gäst*innen und können sie in aller Ruhe beobachten. Die im Pudel gespielten Platten werden somit Teil des Netzwerks der anwesenden Mitglieder, wobei das Netzwerk der Resident*innen am Anfang steht.

Dadurch, dass der Pudel eine Teilhabe an dem Ereignis ermöglicht, werden Newcomer*innen an dem Abend in das kollektive Erlebnis der Gruppe integriert. Das gilt sowohl für das Publikum als auch für eingeladene Künstler*innen. Wie Viktor es Sebastian bei seinem Debüt erklärte: „Ein guter Abend im Pudel findet dann statt, wenn die Gäste mehr als nur Geld mitbringen." Charlotte kümmert sich um die Bar: „Sie ist immer von den Leuten fasziniert. Wenn berühmte Freunde von Rocko in den Pudel kommen, wird sie immer versuchen, etwas mit ihnen zu unternehmen", erklärt Bertile. So ermöglicht eine erfolgreiche Veranstaltung es den Clubmitgliedern, neue Veranstaltungen zu planen, neue Kooperationen einzugehen, neue Leute anzuziehen, die zukünftig die eine oder andere Rolle bei der Planung spielen werden, d. h. das Spektrum der „zu vollbringenden Werke" zu erweitern.

Es ist schwierig, den Leser*innen eine Vorstellung von diesem Netzwerk zu vermitteln; selbst die Akteur*innen sind nicht dazu in der Lage, alle Veranstalter*innen aufzuzählen: „Es könnten Hunderte sein", erzählt mir Ralf. „Ihre Anzahl wechselt ständig und sie sind überall auf der Welt verstreut." Glücklicherweise hatten die Veranstalter*innen vor einigen Jahren die Idee, die kollektive Erfahrung festzuhalten. Bezeichnenderweise kam diese Erfahrung durch die Umsetzung von Werken zustande, die vollbracht werden mussten: Pudel Produkte sind Kollaborationen zwischen Pudel-Musiker*innen und all denen, die auf der Durchreise ihre Spuren hinterlassen haben — in den Netzwerken und auf den Rillen einer vom Club herausgegebenen Schallplatte.

2.1 →
Digitale Zeichnung nach computergeneriertem Diagramm (Netdraw) des Autors, 2024.

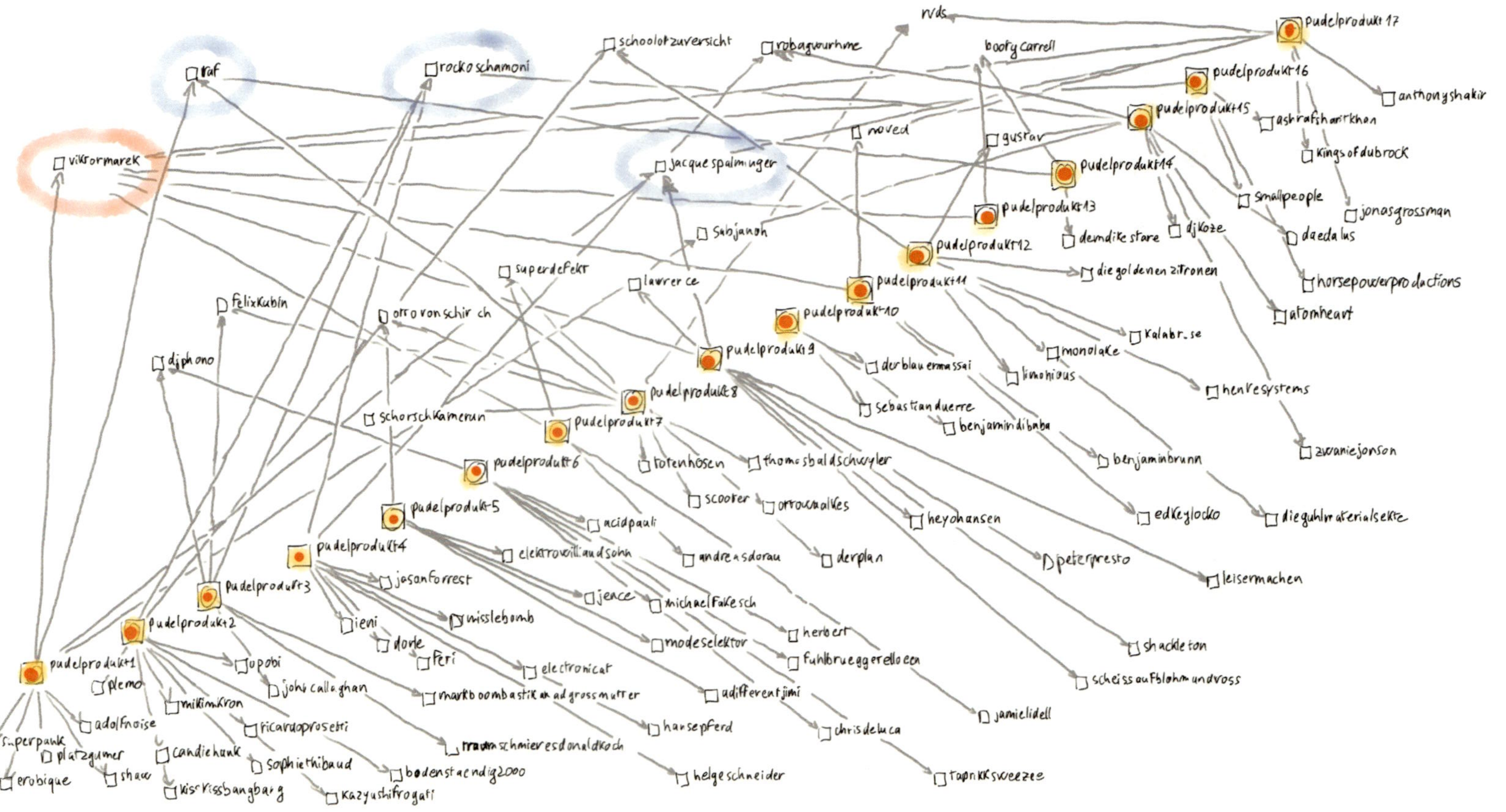

pudelprodukt17
pudelprodukt16
pudelprodukt15
pudelprodukt14
pudelprodukt13
pudelprodukt12
pudelprodukt11
pudelprodukt10
pudelprodukt9
pudelprodukt8
pudelprodukt7
pudelprodukt6
pudelprodukt5
pudelprodukt4
pudelprodukt3
pudelprodukt2
pudelprodukt1
pudelprodukt
rvds
booty carrell
anthonyshakir
kingsofdubrock
smallpeople
jonasgrossman
daedalus
horsepowerproductions
atomheart
djkoze
demdike stare
die goldenen zitronen
gustav
noved
raf
rocko schamoni
viktormarek
jacque spalminger
superdefekt
lawrence
felixkubin
djphono
schorschkamerun
monolake
limonious
henrysystems
zwaniejonson
sebastianduerre
benjaminbrunn
totenhosen
thomasbaldschwyler
scooter
heyohansen
acidpauli
andreasdorau
derplan
peterpresto
leisermachen
jasonforrest
jence
michaelfakesch
herbert
modeselektor
shackleton
ieni
dorle
feri
electronicat
adifferentjimi
scheissaufblohmundvoss
jamielidell
opobi
johncallaghan
hansepferd
chrisdeluca
plemo
milimikron
adolfnoise
superpunk
platzgumer
erobique
shaw
sophiethibaud
bodenstaendig2000
helgeschneider

2.2 Pudel Produkte: Auf den Spuren des Pudel-Netzwerks

Für dieses Bild wurde die Software Netdraw verwendet → 2.1. Sie ist ein schönes Beispiel für eine Darstellung von Verbindungen, die jedoch nicht als gelebte Realität von Akteur*innen verstanden werden darf. Und doch zeigt uns diese „Landkarte“, die auf einer Zeitachse die siebzehn ersten Platten des Labels „Pudel Produkte“ sowie alle an den Produktionen offiziell beteiligten Akteur*innen darstellt, eine „Spur“ des Netzwerks Golden Pudel Club in diesen zwölf Jahren.[→47] Dabei geht es um Begegnungen, die durch die Veröffentlichung der materiellen Objekte verewigt, technisch reproduziert und hauptsächlich auf lokaler Ebene verbreitet werden. Die Platten sind in der Regel 12 Inches (12’), andere 7’ (P. P. Nr. 7 und Nr. 13), bei Nr. 14 handelt es sich um eine CD. Sie wurden alle in einer Auflage von nur wenigen Tausend Exemplaren gepresst. In vier Fällen (2001, 2006, 2007 und 2010) wurden CD-Compilations veröffentlicht, um die vergriffenen Titel der Öffentlichkeit erneut zugänglich zu machen.

Der Name „Pudel Produkte“ ist nicht unerheblich. Diese Begegnungen hätten ohne den Golden Pudel Club niemals stattgefunden. Das Konzept ist einfach: Auf einer Platte werden einige Werke zusammengestellt, die von Teammitgliedern, den Resident-DJ*s und Gäst*innen auf der Durchreise produziert wurden. Während sich auf den ersten Vinylplatten ausschließlich hauseigene Künstler*innen befinden, sind auf den neuesten Exemplaren der Reihe auch Werke internationaler Künstler*innen vertreten. Viele Tracks sind aus einmaligen Zusammenarbeiten entstanden oder aber „Remixe“, also Tracks, die von Produzent*innen neu arrangiert und interpretiert wurden.

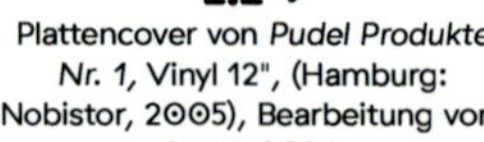
2.2 →
Plattencover von *Pudel Produkte Nr. 1*, Vinyl 12", (Hamburg: Nobistor, 2005), Bearbeitung vom Autor, 2024.

Nehmen wir als Beispiel das Pudel Produkt Nr. 1, erschienen im Februar 2005. Hier sind die Titel dieses ersten Opus, mit A- und B-Seite:

A.1
Adolf Noise —
Zuviel Zeit
A.2
Platzgumer & Shaw —
Miss me | Rüftata110 w/ Erobique-Mix
•
B.1
Superpunk —
Denn man kann einen ehrlichen Mann
nicht auf seine Knie zwingen |
Raf le Spoinks SuperSuperPunk Mix
B.2
Sab Janoh & Viktor Marek —
Wer will hier gefickt werden?
B.3
Viktor Marek & Jacques Palminger —
Tüdeldub

Der Titel von Track A.2 ist charakteristisch: ein Lied, das von zwei Künstler*innen aufgenommen wurde, die häufig im Pudel zu Gast sind. Der Track von H. Platzgumer und F. Shaw wird von zwei anderen Produzenten des Teams — DJ Rüftata 110, keinem Geringeren als Ralf, und Erobique, einem Musiker, der ebenfalls zur Clique gehört — modifiziert. Ralf taucht auf der Platte zweimal auf, da er auch den von Superpunk produzierten Track B.1 unter dem Namen Raf le Spoinks geremixt hat.

Auch Viktor ist zweimal auf der Platte vertreten, mit zwei von ihm produzierten Songs: Einer entstand im Rahmen einer einmaligen Zusammenarbeit mit Sab Janoh, ein anderer mit seinem langjährigen Partner Jacques Palminger, mit dem er kurz darauf die Gruppe „The Kings of Dubrock" gründen sollte.

Die Grafik veranschaulicht den Unterschied zwischen Akteur*innen, die an der Produktion mehrerer Schallplatten beteiligt sind (oberer Teil), und solchen, die nur bei einer Produktion dabei sind (unterer Teil). Es wird ersichtlich, dass Viktor (in der Grafik orange eingekreist) sicherlich am häufigsten vertreten ist — sowohl bei den Originaltracks als auch bei den Remixen. Seine zentrale Position in der Clubiorganisation macht ihn zu einer sehr präsenten Figur. Auch Ralf ist oft vertreten, genau wie Rocko Schamoni und Jacques Palminger

[→47] Diese Netzwerkanalyse berücksichtigt nicht die gesamte Produktion des Pudels. Diese Erfolgsgeschichte ging weiter: in April 2024 ist das Pudel Produkt Nr. 43 erschienen. Aus Gründen der grafischen Klarheit wurden auch wichtige Momente des Pudel-Netzwerks absichtlich ausgelassen: die Kompilationen „Operation Pudel". Zu den Begriffen Landkarte und Spur siehe Ingold, *Lines: A Brief History*, 74.

(in der Grafik blau eingekreist). Diese vier Akteure sind die einzigen, die mehr als drei Kollaborationen vorweisen können. Rund um diese kleine Gruppe nahmen elf andere Akteur*innen zweimal und 71 Akteur*innen lediglich einmal an der Produktion eines Pudel Produkts teil.

Laut Viktor sind einige sehr aktive Pudel-Mitglieder unterrepräsentiert, entweder weil sie weniger produzieren oder „weil sie anderweitig beschäftigt sind“. So taucht Lawrence nur einmal auf, was seinem Engagement im Club zwar nicht entspricht, aber durch seinen Erfolg und den seines Labels zu erklären ist. Die Anzahl der Akteur*innen, die am Weg des Golden Pudels beteiligt sind und ihre Spuren auf diesen Schallplatten hinterlassen, deutet auf ein viel umfangreicheres Netzwerk hin. In Wirklichkeit sind zahlreiche Einzelpersonen und kollektive Entitäten mit dem Pudel verbunden, von denen ein sehr kleiner Teil nach einer Reihe von erfolgreichen Veranstaltungen in diesem Schallplattenformat „realisiert“ wurde.

Pudel Produkt Nr. 13 ist beispielsweise das Ergebnis einer vorübergehenden Zusammenarbeit zwischen Viktor und Sebastian (Booty Carrell). Es ist nicht ersichtlich, ob Sebastian die offizielle Anerkennung des Pudel Clubs für seinen wesentlichen Beitrag zur Programmgestaltung genießt oder ob es dabei um die Verwirklichung einer lustigen musikalischen Idee unter Freund*innen geht, die jede Woche zusammen ins Schwimmbad gehen. Es ist natürlich beides.

Bei Pudel Produkt Nr. 14 handelt es sich wiederum um etwas ganz anderes: einen Live-Mitschnitt eines Konzertes, das von zwei englischen DJs unter dem Namen „Demdike Stare“ gegeben wurde. Auch diese Platte steht für die Anerkennung der neuen und dauerhaften Verbindung auf persönlicher wie musikalischer Ebene zwischen den Pudel-Organisator*innen und dieser Gruppe. „Erste Regel: Immer mit Freunden arbeiten“, erklärt Miles, einer der beiden Musiker, der seine Freundin an der Bar des Pudels kennengelernt hat.

So tauchen bei den Pudel Produkten immer mehr Kollaborationen mit namhaften Produzent*innen auf, einerseits, weil einige der Resident-Produzent*innen immer bekannter werden (wie DJ Koze, DJ Phono oder Lawrence), und andererseits, weil im Laufe der Jahre Freundschaften mit sehr einflussreichen Produzent*innen wie Robag Wruhme, Shakelton, Jamie Lidell oder neuerdings mit Horsepower Production und Anthony Shakir entstehen. Anthony Shakir ist ein Techno-Pionier aus Detroit und wurde zum ersten Mal 2009 von einem Resident, RvDS, eingeladen, im Pudel zu spielen. Nach einigen Clubnächten in den Jahren 2010, 2011 und 2012 nahm er das Angebot an, zusammen mit RvDS und Viktor einen Track für Pudel Produkt Nr. 17 zu produzieren. Laut Viktor wich die anfänglich sehr spontane Zusammenarbeit im Laufe der Jahre einer eher reflektierten Herangehensweise und es stellte sich eine „Labellogik“ ein. „Mit der Zeit haben wir uns gesagt, dass wir diese oder jene Person bräuchten, um unsere Platten gut zu verkaufen“, erzählt Viktor. Diese Platten sind eine lächerlich geringe Einnahmequelle für den Club und die Künstler*innen, aber darum geht es auch nicht. Es geht vielmehr darum, Kollaborationen zwischen lokalen Musiker*innen und internationalen Künstler*innen zu schaffen, wobei sie sich gegenseitig „remixen“. Die Parteien schließen übrigens keinen Vertrag, eine einfache Absprache per E-Mail regelt die Frage des Urheberrechts. Da Ralf das Glück hat, Gastgeber von bedeutenden Künstler*innen zu sein, ist er oft derjenige, der den Vorschlag macht. Der Veranstaltungsort und die bezaubernde Atmosphäre unterstützen ihn dabei: „Ich bin derjenige, der die Leute am Ende des Abends betrunken macht und sie dazu überredet, uns einen Song zu schicken“, verkündet er stolz in einem Interview. Hinter dieser Prahlerei verbirgt sich in Wirklichkeit ein immenser Koordinationsaufwand, denn es ist in Wirklichkeit einzig und allein er, der sich um die Produktion des hauseigenen Labels „kümmert“.

Die Tatsache, dass Ralf selbst auch DJ ist und sich stets über die aktuelle elektronische Musikszene auf dem Laufenden hält, ist in diesem Prozess maßgeblich. Es wird ersichtlich, dass eine einfache Beziehung zum Agens nicht ausreicht, um das Werk zu vollbringen: Es werden zahlreiche Informationen über die Agenzien und deren Produktionen benötigt, um sie bei Ereignissen und kollektiven Kreationen präsentieren zu können. Die „zu vollbringenden Werke“ existieren also dank des Netzwerks, jener Verbindung zwischen einer „Musikkultur“, dem riesigen Wissensrepertoire über Werke, und dem Repertoire der Agenzien, die faktisch zur Verfügung stehen.

2.3 Der Pudel-Effekt auf das Netzwerk der Agenzien

2.3.1 Erweiterung des Reservoirs des „zu vollbringenden Werkes"

Der Pudel sichert den Lebensunterhalt der Akteur*innen in zweifacher Hinsicht: Er ist eine unmittelbare, wichtige Ergänzung ihres Einkommens durch regelmäßige Gagen, die sie für ihre Programmteilnahme beziehen, oder durch die Gehälter an der Bar. Indirekt ist der Pudel für sie eine Möglichkeit, Verbindungen zu schaffen und Beziehungsressourcen zu erhöhen — eine Art Rückgrat, das sie auf ihrem Weg unterstützt und die Karriere von einigen vorantreibt. Ich habe mehrfach gehört, wie insbesondere Akteur*innen, die an der Bar arbeiten, spontan und explizit sagen, dass es nicht zum „Konzept" passe, nur wegen des Geldes im Pudel zu arbeiten. Von einigen wenigen Menschen abgesehen, ist diese Arbeit nur ein Nebenprojekt in einem beruflichen und künstlerischen Leben, in dem auch der Pudel als Ort für die Gruppe eine zentrale Rolle spielt, und zwar als Lebensraum und als Reservat für Möglichkeiten und Begegnungen. Margit gibt dazu ein bezeichnendes Beispiel: 2011 übernahm eine der Kellnerinnen trotz ihres Umzugs nach Berlin weiterhin alle zwei Wochen eine Schicht an der Bar, um den Anschluss an die Welt des Golden Pudels nicht zu verlieren: „Denn nur zu Gast zu sein ist nicht dasselbe."

Die beiden Funktionen der „Pudel-Entität" verstärken sich wohl gegenseitig und haben große Auswirkungen auf ihr Leben. Die direkte, rein wirtschaftliche Rolle hat einen nicht zu vernachlässigenden Einfluss auf die zweite. Leute, die im Club einer bezahlten Tätigkeit nachgehen, verbringen mehr Zeit in der Location und weniger Zeit draußen, an anderen Arbeitsplätzen bzw. mit Aktivitäten, die enger mit der Bestreitung ihres Lebensunterhalts verbunden sind. Im Pudel zu arbeiten bedeutet, tiefer in die Gruppe einzusteigen und Beziehungen außerhalb der Gruppe zu reduzieren, sodass der tägliche Interaktionsanteil mit Kulturagenzien höher wird, ebenso wie der Informationsanteil und die Beziehungen, die mit der Zeit erworben werden. Mehr Zeit im Pudel zu verbringen bedeutet schließlich, über Musik zu reden, mehr Platten zu hören, mehr DJ*s in Aktion zu sehen, sie zu treffen und mit ihnen zu plaudern, ihnen Getränke zu servieren. Kurzum, es bedeutet, den eigenen Bekanntenkreis zu erweitern, indem man sein Wissen darüber vertieft, was diese Leute tun. Ein weiterer Effekt dieser Einbindung ist, dass die Summe der Informationen über die Produktion der Kulturagenzien, mit denen man in Kontakt gekommen ist, und die Anzahl der Agenzien, die sich an der Quelle der bekannten Kulturgüter befinden, gleichzeitig ansteigen. Es wird also ersichtlich, dass die Schnittmengen zwischen Informationen und bekannten Agenzien immer mehr zunehmen. Ihr Reservoir „der zu vollbringenden Werke" wächst mit der Integration des Umfeldes und ermöglicht sowohl mehr Gelegenheiten als auch Handlungsoptionen. Letztere manifestieren sich in neu geknüpften Verbindungen, Kooperationen oder gemeinsamen Partizipationen, die die Existenz des Agens verändern. Für DJ Booty Carrell entspricht die Aufnahme einer Platte mit Viktor Marek der Verwirklichung einer Beziehung, die seine neuen Fähigkeiten bestätigt.

2.3.2 Beispiel: DJ Patex und das plötzliche Auftauchen der „School of Zuversicht"

DJ Patex ist ein fest integriertes Agens der Gruppe und des Veranstaltungsortes; zugleich ist sie eine der Künstler*innen, die ihren Beitrag zu den Pudel Produkten geleistet haben.[→48] Patricia Wedler wurde 1973 in Würzburg in Nordbayern geboren und hat Deutsch und Geografie im Raum Nürnberg studiert. Als ihre DJ*-Aktivitäten in ihrem Leben immer wichtiger wurden, beschloss sie, doch nicht Lehrerin zu werden, sondern sich ihren musikalischen Aktivitäten zu widmen. Sie besiegelte ihren Entschluss, als sie am Ende ihres Studiums mit ihrem damaligen Partner, einem Hamburger Musiker namens Knarf Rellöm, der zur ursprünglichen Pudel-Club-Clique gehörte, eine temporäre Bar in Zürich eröffnete. Durch diese Beziehung kam sie anschließend direkt nach Hamburg und begann mit Knarf und Viktor vermehrt an musikalischen Projekten zu arbeiten. Sie sagt, dass sie damals ein persönliches Projekt entwickeln wollte und ihrem Umfeld davon erzählte, sich zur damaligen Zeit dazu jedoch nicht in der Lage sah. Und ergänzt, dass sie sehr überrascht gewesen sei, was daraufhin passierte: „Sechs Monate später war die Platte schon zur Hälfte aufgenommen." Schließlich gründete sie eine Band, die sie „School of Zuversicht" nannte. Sie erzählt, dass sie einfach in die Runde gefragt habe, als sie

[→48] Die sehr vermisste Patricia Wedler (* 1. März 1973 in Würzburg; † 14. Juni 2023) ist ein Jahr vor der Veröffentlichung dieses Buches von uns gegangen, siehe Nachwort.

↖ 2.3
Cover von Randnotizen From Idiot Town © Alex Solman, 2010.

↙ 2.4
Cover von Remixes Randnotizen From Idiot Town by School of Zuversicht, © Alex Solman, 2011.

Musiker*innen für das Projekt gewinnen wollte: „Hättest du nicht Lust dazu?" 2008 veröffentlicht sie ihr erstes Album „Randnotizen from Idiottown". Dieses Album ist die Gelegenheit, das Netzwerk zu entfalten, das sie sich in den Jahren ihrer Tätigkeit an der Bar und den Plattentellern des Golden Pudel Clubs aufgebaut hat. Einer der Texte, der den digitalen Vertrieb ihres Albums[→49] begleitet, scheint in diesem Kontext besonders relevant.

Dieser Text liefert eine Liste der Agenzien, die für die Umsetzung des Patex-Projektes mobilisiert wurden: Die Produzent*innen gehören alle dem Dunstkreis des Pudels an, was durch ihre Beiträge zu den Pudel Produkten belegt wird (Platzgumer auf Nr. 1, Plemo auf Nr. 2, Fuhlbrügge und Knarf Rellöm auf Nr. 6).

„The centre of the collective is DJ Patex. (...) The material comes out of Hamburg's finest studios: Pascal Fuhlbrügge, Hanz Platzgumer, Plemo or Knarf Rellöm prepare their beats, riffs and hooks which then are played in live shows with musicians such as Elmar Günther, Manuel Schwiers and Ruth May."[→50]

Ganz eindeutig zeigt der Begriff des „Boomerang-Feedbacks" die Macht des Netzwerks in Bezug auf die Umsetzung der „zu vollbringenden Werke", die aus der Beteiligung einer wachsenden Anzahl von Akteur*innen, Veranstaltungsorten, Studios, Bühnen und Clubs resultiert.

„As these concerts have their boomerang effect on the production process, the boundaries are blurring between a studio project and a band community."

Die „Kollektivkräfte", die sie vereint, sind in der Tat jene durch sie realisierten neuen Verbindungen, die ihr tatsächlich das „Vertrauen" entgegenbringen, als komplexes Agens in Erscheinung zu treten, indem sie ein kollektives Gebilde in Gang setzt — ein Gruppenkollektiv, dessen Anführerin sie ist.

„But DJ Patex is not only a gatherer. As a hunter she ties the collective forces, turns them into her very own sound and lyrics and launches her confidence torpedoes on society."

2011 veröffentlicht sie ein weiteres Album, das aus Remixen von Tracks des ersten Albums besteht. So wollte sie ihrem Projekt neues Leben einhauchen.[→51]

[→49] School of Zuversicht, *Randnotizen from Idiot Town* (Hamburg: Pingipung, 2008), https://schoolofzuversicht.bandcamp.com/album/randnotizen-from-idiot-town.

[→50] Pressemitteilung, Klicktrack (Blog) http://www.klicktrack.com/pingipung/releases/school-of-zuversicht/neubaugebiet-remixe-from-idiot-town, zuletzt aufgerufen am 09/06/2012.

[→51] School of Zuversicht, *Remixes From Idiot Town* (Hamburg: Pingipung, 2011), https://schoolofzuversicht.bandcamp.com/album/remixes-from-idiot-town.

„‚School Of Zuversicht‘ is a band collective around front lady DJ Patex. Extensive live shows, a living room called Golden Pudel Club in Hamburg, and countless side projects by Patex and her musicians sum up to an impressive entourage. 10 famous friends have now expressed their affection to ‚School Of Zuversicht‘ with their contributions to this remix collection.“

Der Club wird hier als „Wohnzimmer“ präsentiert und als einer der hinreichenden Gründe für DJ Patex' Zugang zu diesem soliden Promotool genannt, bei dem renommierte Vertreter*innen der elektronischen Musikszene Remixe erstellen. Zum Start des Remix-Projektes werden die Agenzien dazu aufgerufen, für ihr Projekt zusammenzuarbeiten, indem sie bereits bestehende Verbindungen öffentlich machen. Die „zu vollbringenden Werke“ werden dann im Laufe der Interaktionen, die zum Erscheinen des neuen Kulturgutes beitragen, allmählich errichtet. Wir sehen uns dem Ausdruck einer Eigenschaft des Agens DJ Patex gegenüber, die ihm durch das Agens Pudel verliehen wird. Man könnte auch sagen, dass viele Entitäten das Agens DJ Patex „bilden“: Patricia, School of Zuversicht, der Pudel und seine Produzent*innen, ihr Label Pingipung etc.

Wir sind gerade dabei, den Begriff „Netzwerk“ neu zu definieren: Auf diese Weise versuchen wir, ihn näher an die Bedeutung heranzuführen, die er für Akteur*innen zum Zeitpunkt der Interaktion selbst annimmt, und ihn damit vom theoretischen Konzept der Rekonstruktion eines Netzwerks von Austauschbeziehungen wegzuführen, wie sie (die Rekonstruktion) a posteriori durch Forscher*innen vorgenommen wird. Wir kommen wieder auf Latours Konzept zurück, wonach Akteur*innen von einem Netzwerk aus Akteur*innen und Agenzien getragen werden, die es durch ihr spezifisches Gerüst zum Leben erwecken. Das Netzwerk, von dem hingegen hier die Rede ist, wird tatsächlich durch die Vorstellung von einem zu „vollbringenden Werk“ in die Situation zurückversetzt: Das Netzwerk einer Person ist in der Tat die Summe der Entitäten, die durch die in ihr enthaltenen Informationen präsent gemacht, „in die Tat umgesetzt“ werden können. Denn das Netzwerk ist ein Attribut der Agenzien, das ihnen in einer Interaktionssituation besondere Eigenschaften verleiht.

2.5 →
RIP DJ Patex © Alex Solman, 2023.

2.4 Die Pudel-Clique und das Pudel-Agens: das Netzwerk als charakteristisches Merkmal

Nachdem wir nun definiert haben, was wir unter dem Netzwerk des Agens verstehen, können wir die kollektiven Mechanismen der Konstruktion und Umverteilung dieser Netzwerke innerhalb des Pudel Clubs näher betrachten.

Die Gruppenmitglieder, die an der Bar arbeiten, und die Resident-DJ*s sagen alle, dass sie sich untereinander kennen, auch wenn sich Gruppen bilden und sich im Laufe der Zeit verändern. Außerdem bleibt ein harter Kern bestehen, jedes neue Mitglied entwickelt eine Beziehung zu allen anderen Gruppenmitgliedern: „Wenn du ankommst, sind die Leute ganz neugierig und du lernst alle kennen", erzählt Eva, die 2008 dem Pudel beigetreten ist. Wie bereits oben erläutert, bedeutet der Gruppe beizutreten in erster Linie, in dieses umfangreiche System aus Beziehungen und Informationen über die Aktivitäten der anderen anwesenden Agenzien einzutreten.

Es bedeutet aber auch, sich in einen umfangreichen Kreislauf zu begeben, der die Netzwerke der einzelnen Agenzien ständig wachsen und sich weiterentwickeln lässt. Denn Agenzien treten alle, je nach ihrer Reichweite, auf verschiedenen Ebenen mit anderen Agenzien und externen Veranstalter*innen in Beziehungen, die durch Projekte und Kooperationen Früchte tragen. Es ist anzunehmen, dass der kollaborative Austausch und die Performances im Pudel Club zu einem Prozess führen, den der Anthropologe Gregory Bateson als komplementäre Schismogenese bezeichnet hat[→52], d. h. er grenzt sich allmählich ab, indem er eine spezifische Rolle und Identität mit und gegen andere Institutionen, wie die Hochschule für bildende Künste Hamburg sowie Produktionsfirmen, Theater, Werbeagenturen und andere Nachtclubs, aushandelt. Das fast dreißig Jahre gewachsene Beziehungsgeflecht des Ortes und die Anzahl der beteiligten Akteur*innen fordern meine Vorstellungskraft als

[→52] Gregory Bateson, *Ökologie des Geistes: anthropologische, psychologische, biologische und epistemologische Perspektiven* (Suhrkamp, 1985), 174.

Wissenschaftler dazu heraus, das Pudel-System zu kartografieren. Außerdem wäre die Annahme illusorisch, dass diese Gruppe frei von Rivalitäten ist. Auch wenn Konflikte nie offen ausgetragen werden und Solidarität jegliche Gewalt scheinbar an sich abperlen lässt, so sind Machtkämpfe um Einflussnahme zwischen den Schlüsselfiguren des Golden Pudels doch allen bekannt. Der Wunsch, Kolleg*innen und das Publikum zu überraschen, indem Verbindungen mit unerwarteten Akteur*innen hergestellt werden, ist einer der Faktoren, die Agenzien dazu bewegen, die Grenzen ihrer Handlungsmöglichkeiten immer weiter auszudehnen.

In der Praxis ist sein rotierendes Programmierungsprinzip der entscheidende Faktor bei der Entwicklung und Übertragung des Netzwerks auf den Golden Pudel. Es bietet sowohl für jede*n Einzelne*n als auch für die Gruppe zahlreiche Vorteile: Viele Agenzien organisieren einen Abend im Monat oder sporadische Veranstaltungen, oder sie schlagen den Veranstalter*innen Künstler*innen vor. So entstehen regelmäßig Gelegenheiten, Beziehungen zu Entitäten innerhalb und außerhalb der Gruppe aufzubauen und einen Austausch im öffentlichen Raum — dem Club — zu etablieren. Die im Laufe des Abends stattfindenden Interaktionen ermöglichen es den anwesenden Mitgliedern, sowohl Informationen zu gewinnen als auch neue Beziehungen zu etablieren; so entsteht eine Verbindung zu einem Agens, das künftig angesprochen werden kann, wodurch die Netzwerke derer, die an dem Ereignis teilnehmen, erweitert werden. Es werden nicht nur Menschen durch die Gruppe „sozialisiert", sondern auch Werke, Platten und neue Ideen.

Kann der Club genau wie eine Person als Agens begriffen werden? Nehmen wir einmal an, wir könnten die Pudel-Entität durch dasselbe Prisma betrachten, das wir gerade entwickelt haben, um die Herausbildung der Eigenschaften des einzelnen Agens zu verstehen. Bei der Untersuchung sozialer Phänomene geht es eher darum, den roten Faden für die Analyse dieser Komplexität nicht zu verlieren, als Partei für die Relevanz der Kategorie „kollektives Wesen"*[→53]* zu ergreifen.

In die Perspektive des zwischenmenschlichen Austauschs, der den Pudel kennzeichnet, müssen nun die anderen teilnehmenden Entitäten mit einbezogen werden: das Clubgebäude, das einen geeigneten Raum für das Treffen bietet, sowie die Soundanlage; das Publikum, das Unterstützung und einen finanziellen Beitrag leistet, die Bar sowie die bereits in Kapitel 1 beschriebenen unterschiedlichen Regulator*innen der Atmosphäre sind ebenfalls Entitäten, die in die Zusammensetzung des Netzwerks einfließen. Es steht in der Macht des organisierenden Agens, eine Interaktion mit der

[→53] Albert Piette, „Ontographies comparées: divinités et êtres collectifs", *Ethnologie française* 40, Nr. 2 (2010), 357—63, https://doi.org/10.3917/ethn.102.0357.

Außenwelt herbeizuführen, was ein Teil des Handlungspotenzials des Pudels ist. In einem Prozess, der als Mediation bezeichnet werden könnte, wird das Agens zum Pudel und umgekehrt: Es findet ein „Blackboxing“[→54] statt, das den beiden Entitäten neuen Spielraum, eine größere Reichweite gibt. Der Pudel nutzt die Netzwerke seiner Agenzien und stellt ihnen gleichzeitig seine eigenen zur Verfügung. So landeten einige geschichtsträchtige Clubpersönlichkeiten in den „Adressbüchern“ der Agenzien, die dem Kollektiv beitraten. Gleichzeitig werden die „Adressbücher“ dieser Agenzien zu jenen des Pudels.

In diesem Kapitel haben wir beschrieben, wie der Golden Pudel Club die Entwicklung eines Reservoirs von „zu vollbringenden Werken“ ermöglicht. Dieses Reservoir wird durch das Netzwerk der Agenzien bestimmt, das einigen der zu vollbringenden Werke die Möglichkeit bietet, Anlass zur Vollbringung zu sein. So wird das Netzwerk als Eigenschaft der individuellen oder kollektiven Entität definiert. Diese Eigenschaft ermächtigt es, Begegnungen zwischen verschiedenen Agenzien „ins Werk zu setzen“, wodurch sein Weg stark beeinflusst wird. Wir werden jedoch im folgenden Kapitel sehen, dass die Umsetzung nur möglich ist, wenn seine Macht von den anderen Agenzien anerkannt wird: Die Reputation ist also ein wesentliches Element, das die Existenz der „zu vollbringenden Werke“ bestimmt.

[→54] Latour, *Pandora's Hope*, 192.

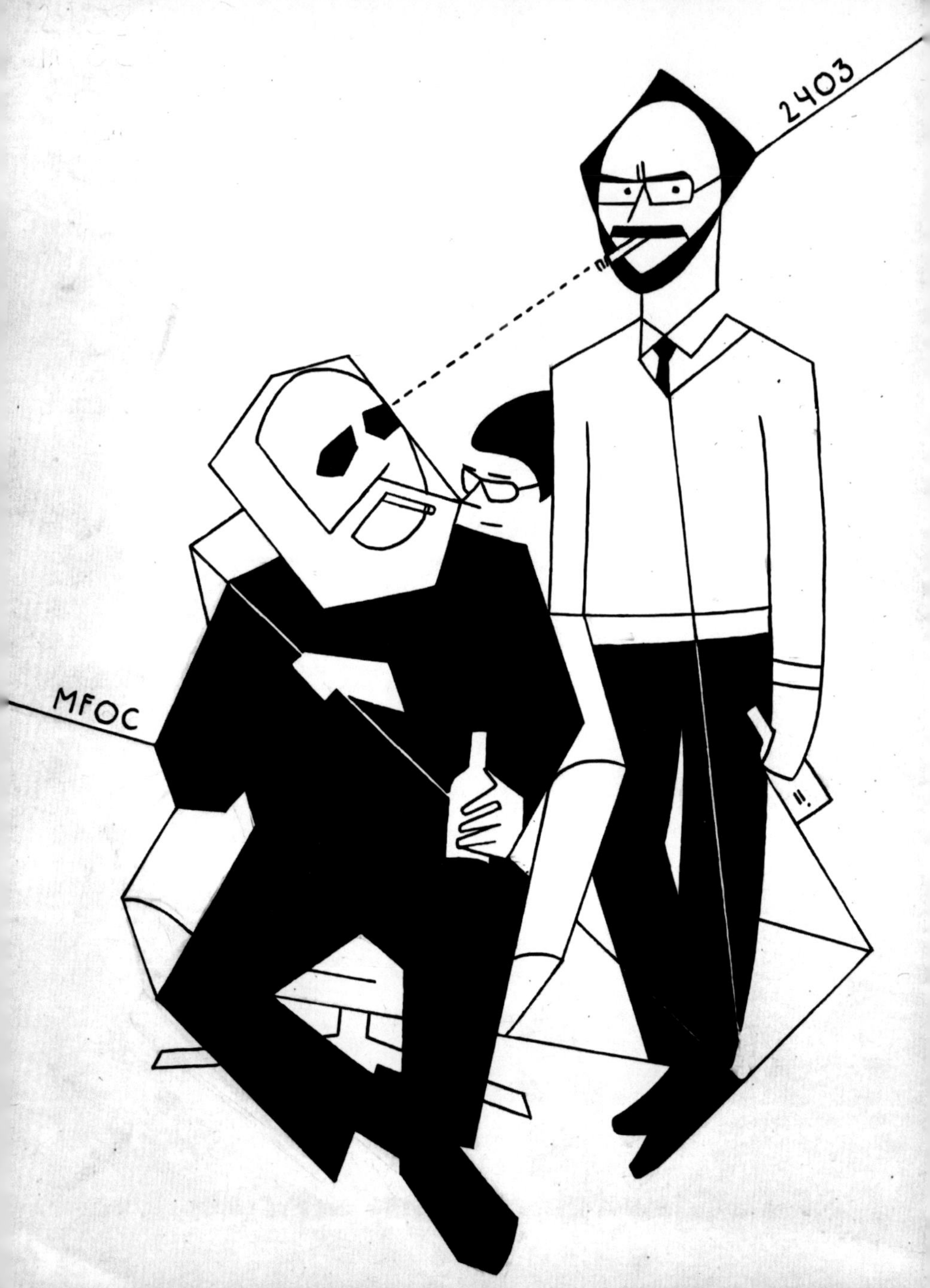
2403
MFOC

3

Reputation und Vermittlungstechniken

„Das Erstaunliche ist, dass Rocko Schamoni durch den Golden Pudel berühmt wurde und der Golden Pudel durch Rocko Schamoni."
(Hans, Soziologe und Leser von Schamoni, Auszug aus einem informellen Interview)

← 3.1
MFOC: Ralf, Superdefekt

Reputation ist im Golden Pudel eine zwiespältige Angelegenheit: Pudel-Agenzien verabscheuen eine zu große Sichtbarkeit, die ein unpassendes Publikum anziehen könnte. Daher lehnen sie auch die meisten Interviews ab. Und doch ermöglicht das Ansehen des Clubs ihnen heute eine unglaubliche Unabhängigkeit: Es verschafft dem Club ein ständig neues Publikum und gleichzeitig renommierte Künstler*innen, die alle kommen, um das Golden-Pudel-Erlebnis miteinander zu teilen. „Jede*r muss einmal im Leben im Golden Pudel gespielt haben", heißt es, was viel über die außergewöhnliche Club-Atmosphäre aussagt.*[→55]*

Reputation ist das Gegenstück zum Netzwerk: eine große Herausforderung, eine Eigenschaft des Agens, durch die es die Gelegenheit erhält, seinen Werdegang stark zu beeinflussen. Ähnlich wie beim Netzwerkbegriff werden wir den Begriff der Reputation neu definieren, um das Konzept in Praxis und Handeln zu verorten.

Die Reputation von Künstler*innen ist nicht nur in den von ihnen in der Vergangenheit produzierten Werken begründet, die durch ihre eigenen Handlungen und solche anderer, diese Werke weitertragender Agenzien fortbestehen. Sie hängt gleichermaßen von ihrer Fähigkeit ab, neue Werke zu produzieren. Denn das Agens kann jeden Moment scheitern. Es kann misslingen, Verbündete zu mobilisieren. Letztere können ihre Macht verlieren und es kann sich außerstande stehen, daran etwas zu ändern. So werden in Vergessenheit geratene Künstler*innen nicht mehr von ihren Agenzien ins Werk gesetzt. Sie haben ihr Ansehen verloren. Kurz gesagt: Erwirbt die Person einen Ruf, geht ihr Handeln über sie selbst hinaus, da sie dann am Handeln einer Reihe von Agenzien teilnimmt, die manchmal sogar in ihrem Namen handeln ... So wird die Person zu einer Assemblage anderer Entitäten, die sich allmählich aus Interaktionen zusammenfügt, so wie diese anderen Entitäten selbst auch Assemblagen aus Personen sind, die ihnen eine Präsenz verleihen. Damit lassen sich die wahrnehmbaren Veränderungen der „Aura" einer Person oder eines Werkes erklären, die im Laufe ihres Lebens einen starken Einfluss auf ihre Entwicklung haben. Berühmtheit hat also spürbare Auswirkungen auf die täglichen Interaktionen der Menschen.*[→56]*

Der Begriff „Reputation" findet überwiegend in der Ethnologie des Mittelmeerraumes Verwendung: Michael Herzfeld zieht diesen Begriff dem der „Ehre" vor.*[→57]* Das Ansehen der mediterranen Familie hängt sowohl vom Reichtum, vom Respekt und der Virilität ihrer Männer als auch von der sexuellen Reinheit ihrer Frauen ab. Von ihrer Reputation hängt die Umsetzung der Familienprojekte, ihrer Bündnisse oder ihrer Geschäfte ab. Die permanente Kontrolle

[→55] Dieses Gerücht ist auch Teil von Ralfs Argumentation, um DJ*s anzulocken, auch wenn der Club es sich nicht erlauben kann, ihnen die marktübliche Gage zu bezahlen. Siehe hierzu sein Interview: Lisa Van Houtem, „Ralf Köster", *Freunde von Freunden* (blog), 13. Juli 2012, http://www.freundevonfreunden.com/interviews/ralf-koster/.

[→56] Nathalie Heinich, *De la visibilité: excellence et singularité en régime médiatique, Bibliothèque des sciences humaines* (Gallimard, 2012).

[→57] Michael Herzfeld, „Honour and Shame: Problems in the Comparative Analysis of Moral Systems", *Man*, New Series, 15, no 2 (1980): 33951, https://doi.org/10.2307/2801675.

der Interaktionen ist notwendig, um die Familie vor „Schande“ zu bewahren und sie vor dem „bösen Blick“ zu schützen.[→58] Diese Kontrolle zeugt von einem Know-how, einer Tugend, die durchaus als Fähigkeit bezeichnet werden kann.[→59] Wir betrachten diese Fähigkeit als Sozialtechnik; sie ist von der gleichen Größenordnung wie die, die das Ansehen von Handwerker*innen oder Künstler*innen ausmacht: Sie befähigt Agenzien dazu, sich Möglichkeiten zu erschließen, sich in Konstellationen einzubringen, die sie präsenter machen. Sehen wir uns nun die unterschiedlichen Techniken an, die die Personen ins Werk setzen und die ihnen ein bestimmtes Ansehen verleihen.

3.1 Vermittlungstechniken

Wir greifen die Definition von Technik als einem Modus Operandi, als ein Programm von artikulierten Handlungen, auf. Diese Definition schließt zahlreiche Arbeiten mit ein: von Harold Garfinkels Ethnomethoden[→60] über das ganze Spektrum an Sozialtechniken, durch die das Agens sich mit anderen Entitäten und Personen in Beziehung setzen und bleiben kann, bis hin zu Alfred Gells Verzauberungstechniken.[→61] Die von André Leroi-Gourhan entwickelte Definition von Technik lautet: „Es existieren keine zwei typisch menschliche Sachverhalte, von denen der eine die Technik und der andere die Sprache wäre, sondern ein einziges geistiges Phänomen, das neurologisch auf verwandten Territorien beruht und gemeinsam durch den Körper und Laute ausgedrückt wird.“[→62]

Greifen wir erneut das berühmte Bild von Leroi-Gourhan auf, das die Ordnung der Techniken als eine Art zwischengeschaltete Verdauungswand zwischen dem Menschen und seiner Umwelt darstellt. Das Agens mobilisiert externe Ressourcen, und genau dieses Phänomen ermöglicht es ihm, zu überleben und zu existieren. Seine eigene Existenz verlangt jedoch nach dem Technikbegriff, seine Gesten und sein Bewusstsein sind mit den umliegenden Entitäten verflochten. Laut Bruno Latour bedeutet das Adjektiv „technisch“ sogar eine Art „Delegation“[→63], eine Annäherung von Personen oder Dingen, um sie zu einem/r* neuen Aktanten/tin/* zusammenzuführen.

In dem Artikel „Technology and Magic“[→64] versucht Gell zu erläutern, warum der Begriff „Technik“ lange Zeit mit dem Bereich der materiellen

[→58] John Davis, *People of the Mediterranean: An Essay in Comparative Social Anthropology*, International Library of Sociology (Routledge & K. Paul, 1977).

[→59] Luc Boltanski, *L'amour et la justice comme compétences. Trois essais de sociologie de l'action* (Paris: Éditions Métailié, 1990).

[→60] Harold Garfinkel, *Studien zur Ethnomethodologie*, herausgegeben von Erhard Schüttpelz, Anne Warfield Rawls und Tristan Thielmann; aus dem Englischen von Brigitte Luchesi, Studien zur Ethnomethodologie, Campus Bibliothek (Frankfurt, New York, 2020).

[→61] Alfred Gell, „The Technology of Enchangement and the Enchantment of Technology“, in *Anthropology, Art, and Aesthetics*, hg. von Jeremy Coote und Anthony Shelton, Clarendon Press (Oxford, 1992), 40—63.

Kulturwissenschaften und insbesondere mit der Wirtschaft in Verbindung gebracht wurde. Er bemängelt die utilitaristische Perspektive, die dazu geführt hat, dass das Streben nach Ressourcen für den Lebensunterhalt als Grundproblem der Technik angesehen wird. Seiner Ansicht nach hieße dies, die Bedeutung von technischem Wissen zu vergessen, das mit technischen Objekten verbunden ist, die ihre Existenz Übertragungsnetzwerken und Kooperationen verdanken. Gleicher Meinung ist auch Bruno Latour: „Menschheit und Technologie als zwei gegensätzliche Pole zu begreifen, bedeutet in der Tat, von einer abwesenden Menschheit zu träumen. Wir sind soziotechnische Tiere und alle menschlichen Interaktionen sind soziotechnisch.“[→65]

Wir konzentrieren uns nun auf die Techniken, die diese Verbindung ermöglichen und die wir als Mediationstechniken bezeichnen werden. Zunächst werden wir uns ansehen, wie sich Ethnomethoden auf Beziehungen auswirken, um dann zu den literarischen, musikalischen und bildtechnischen Fertigkeiten, den sogenannten künstlerischen Fähigkeiten überzugehen.

3.1.1 Ethnomethoden

Als Ethnomethode bezeichnen wir eine situierte Fähigkeit, eine Art und Weise, Dinge zu tun: Sie kommt zum Tragen, wenn sich Agenzien in einer Situation befinden, die von ihnen bestimmte Praktiken abverlangt; eine Abfolge von Ausführungen, die scheinbar von selbst ablaufen. Um es mit den Worten von Garfinkel zu formulieren, geht es um das, „was Mitglieder mit den Zurechnungen in den sozial organisierten Anwendungssituationen tun oder wie sie sie ‚verstehen.‘“[→66] Das Fahren eines Autos oder eine Kaffeebestellung erfordern beispielsweise hochkomplexe Fähigkeiten.

Richten wir unsere Aufmerksamkeit nun wieder auf unsere Kultur-Agenzien des Pudels und ihre Interaktionen mit anderen Agenzien: Im ersten Kapitel haben wir gesehen, dass das Verhalten von Individuen eine wesentliche Rolle bei der Integration in die Gruppe spielt. Norbert Karl, der erste Geschäftsführer des Pudels, rekrutierte Mitarbeiter*innen aufgrund ihrer „communication skills.“ → 3.2 Es wurden junge Leute ausgewählt, die in ihrem Berufsleben bisher noch nichts erreicht hatten; laut unserem Informanten mit viel Fingerspitzengefühl, da viele von ihnen später vor Ideen und Projekten nur so sprudelten, um schließlich professionelle Kultur-Agenzien zu werden. Diese Rekrutierungsrolle wurde später an Ralf, Charlotte und Viktor übertragen, die weiterhin neue

[→62] André Leroi-Gourhan, *Le geste et la parole*, Sciences d'aujourd'hui (Paris: A. Michel Paris, 1964), 260.

[→63] Bruno Latour, *Pandora's Hope: Essays on the Reality of Science Studies* (Harvard University Press, 1999), 197.

[→64] Alfred Gell, „Technology and Magic“, *Anthropology Today* 4, Nr. 2 (1988), 6–9, https://doi.org/10.2307/3033230.

[→65] Bruno Latour, „On Technical Mediation“, *Common Knowledge* 3, Nr. 2 (1994), 64 (eigene Übersetzung).

[→66] Garfinkel, *Studien zur Ethnomethodologie*, 38.

3.2 ↑
Norbert Karl, Mitgründer,
Geschäftsführer und erster
Personalauswahlmeister des Pudels
© Alex Solman, 2008.

Akteur*innen mit in die Kernclique einbeziehen. Es zeigte sich auch, wie wichtig das bewährte Verhaltensmodell für den Erfolg des Pudel Clubs ist, und zwar in Bezug auf seine Fähigkeit, vollkommen unterschiedliche Zielgruppen anzulocken. Es ist alles eine Frage der „Stimmung", der Beziehungsatmosphäre, der Leute, die gut in den Club „passen", die dem Geist des Pudels entsprechen. Einzelne werden von dem Ort ausgeschlossen, weil sie diese Regeln nicht respektiert haben und die grundlegenden Ethnomethoden nicht ausreichend beherrschen, durch die sie an der Atmosphäre teilhaben könnten. Dieses Verhaltensmodell ist eine lebendige stillschweigenden Regeln folgen und es ermöglichen, Äußerungskontexte und Botschaften korrekt zu entschlüsseln.

Die von einer Person angewandten Ethnomethoden sind allesamt Vermittlungstechniken, die eine Interaktion ermöglichen und gleichzeitig eine bestimmte Tonalität vermitteln, die von den Gesprächspartner*innen beibehalten wird. Diese Beziehungstechniken machen demnach das Markenimage einer Person aus, und dieses Image kann von Agenzien, die mit ihr in Kontakt standen, in Worte und Gesten übersetzt und an andere Personen weitergegeben werden. Letztere kennen ein Agens dann vom „Hörensagen", das sie nie zuvor getroffen haben: Dies kann als indirekte Beziehung bezeichnet werden.

Im Laufe von Interaktionen schreiben sich Menschen Attribute zu, die sowohl ihre Daseinsgrundlage als auch ihre Existenzweisen und Eigenschaften in den Augen der anderen bilden. Diese Attribute verleihen ihnen in einer Situation bestimmte Eigenschaften, die ihren Werdegang beeinflussen. Die Qualität einer Beziehung bemisst sich oft an der moralischen Kategorie, ob das Verhalten der Person dem Gruppenethos entspricht, indem die hervorstechenden Elemente, also die Abweichungen von der Norm, zur Kenntnis genommen werden. Rocko Schamoni kann als „der charmanteste Typ, den ich jemals getroffen habe", beschrieben werden oder Charlotte und Ralf als „No-Pleasers", weil sie die Erwartungen des Publikums kompromisslos konterkarieren.

Charakteristisch für Kultur-Agenzien und insbesondere für Künstler*innen ist, dass sie mit einem breiteren Publikum in Kontakt kommen können, weil sie einschlägige Ethnomethoden anwenden, die die Institutionen als vollkommen eigenständige Techniken anerkennen. Wir werden jedoch sehen, dass die Grenzen zwischen Ethnomethoden und Techniken fließend sind und dass die beiden Bereiche von Know-how und „ganz einfachem" Wissen in der Praxis zum gleichen Typus von Vermittlungstechniken gehören.

3.1.2 Künstlerische Techniken oder Verzauberungstechniken

Durch den Einsatz sogenannter künstlerischer Techniken oder Verzauberungstechniken tritt das Kulturagens in Beziehung zu unzähligen Agenzien, indem es ein Gefühl bei ihnen auslöst.[→67] Sei es durch ein Musikstück, das durch diese Technik hervorgebracht wird, oder durch eine Veranstaltung, die es dem Agens ermöglicht, in direkter und asymmetrischer Beziehung zum Publikum zu stehen: Die Agenzien werden den Gebrauch der Technik, die die Beziehung ermöglicht hat, an die Person koppeln, die gezeigt hat, dass sie die Technik beherrscht. Die qualitativen Beziehungsmodalitäten werden vom Publikum bewertet. Die qualitativen Modalitäten können beispielsweise die Virtuosität betreffen[→68] oder auch viel allgemeiner die Kompetenz des/der/* Akteur*in, dieses oder jenes Gefühl hervorzurufen.[→69] Die Anerkennung dieser Kompetenz und die Verbreitung der Kompetenzinformation spielen eine entscheidende Rolle für die Existenz des Agens, indem sie ihm ein Attribut verleihen, das als Information in den Registern der anderen Agenzien verteilt wird. Dieses Attribut verleiht dem Agens in verschiedenen Situationen unterschiedliche Eigenschaften: Da Sebastian für sein Talent bekannt ist, Schallplatten zu finden, wird er neue Kund*innen in den Plattenladen locken, in dem er parallel zu seinen DJ*-Aktivitäten arbeitet.

Verwenden Stand-up-Akteur*innen Ethnomethoden oder darstellerische Techniken? Das Publikum wird sich an eine Mischung aus beidem erinnern, an eine bestimmte Beziehungsmodalität, die sowohl aus Bühnenqualitäten der Akteur*innen als auch aus deren „menschlichen Qualitäten" besteht. Performer*innen werden entweder als „großartige Schauspieler*innen und schöne Menschen" oder aber als „großartige Schauspieler*innen, aber widerliche Menschen" beurteilt. Sebastian wurde nicht nur wegen seiner musikalischen Fähigkeiten darum gebeten, eine Kompositionsklasse für Kinder zu betreuen, sondern auch wegen der anerkannten Qualitäten seiner Ethnomethoden und seiner zwischenmenschlichen Eigenschaften. Benötigt ein Agens in einer bestimmten Situation ein anderes Agens zur Zusammenarbeit, wird es sich auf diese Kooperation einlassen; und zwar nicht nur auf Grundlage der technischen Fähigkeiten (die sich direkt auf die Beziehungsqualität zwischen der neuen kollaborativen Einheit und ihrem Publikum auswirken), sondern auch auf Grundlage der potenziellen Beziehungsqualitäten zu diesem Agens. Die Beziehungsqualität zwischen Agenzien spielt indirekt

[→67] Gell, „Technology and Magic".
[→68] Victor A. Stoichita, Emmanuel Grimaud und Graham Jones, „Préambule", *Ateliers d'anthropologie. Revue éditée par le Laboratoire d'ethnologie et de sociologie comparative*, Nr. 35 (10. Juni 2011), https://doi.org/10.4000/ateliers.8838.
[→69] Victor Alexandre Stoichita, *Fabricants d'émotion: musique et malice dans un village tsigane de Roumanie, Hommes et musiques* (Société d'ethnologie, 2008).

eine wichtige Rolle für die Beziehungsqualität der neuen Entität, die von diesen beiden Agenzien mit ihrem Publikum gebildet wird.

Je mehr soziotechnische und menschliche Qualitäten das Agens hat und je mehr Beziehungen bestehen, die diese Qualitäten wertschätzen und seine Fähigkeiten möglicherweise benötigen, desto mehr Gelegenheiten werden sich für es ergeben. Wenn es diese Gelegenheiten wahrnimmt und die Umstände für den Erfolg der gemeinsamen Aktionen günstig sind, wird es noch ein wenig mehr existieren.

Die Übereinstimmung aller Techniken, die es in einer Situation mobilisieren kann, und aller Agenzien, die über diese Informationen verfügen, spielt sich demnach als eine Art Integrationsphänomen ab. Je größer sein Ansehen, desto mehr „zu vollbringende Werke" wird es geben. Wird Sebastian von einem anderen Agens kontaktiert und ihm dadurch eine Gelegenheit geboten, um die er nicht gebeten hat, verändert sich die Realität um ihn herum.

Im Zuge dieses Gedankenganges laufe ich Gefahr, Agenzien als manipulative, superberechnende Wesen erscheinen zu lassen — oder noch schlimmer: als von der „pudeltypischen" Gesellschaft gesteuerte Marionetten. Ich bitte die Leser*innen zu bedenken, dass es hier nicht um Absichten, sondern um Praktiken geht. An keiner Stelle wird behauptet, dass die Handlungen der mitanwesenden Personen eine beabsichtigte Wirkung haben, und auch nicht, dass der Kontext sie dazu nötigt, auf eine bestimmte Art und Weise zu handeln. Unser Fokus liegt auf einem Agens, das durch sein Handeln existiert und durch dieses Handeln die Modalitäten seiner Existenz bestimmt. Dabei offenbart es Eigenschaften, die als latente Verhaltensweisen oder Potenziale für künftige Handlungen angesehen werden. Die Verhaltensweisen sind nicht auf den Ausdruck möglicherweise persönlicher Dispositionen beschränkt, da andere Agenzien Träger*innen eines Teils dessen sind, was sie existieren lässt.

Wir haben festgestellt, wie akribisch die Mitarbeiter*innen des Pudel Clubs ausgewählt werden, um ein Erlebnis und eine Atmosphäre zu schaffen und zu bewahren. Die Vorgehensweise dient de facto einem weiteren kollektiven Ziel, und zwar der kontinuierlichen Wahrung von Beziehungspraktiken der Gruppe mit der Außenwelt, einer Übereinstimmung spezifischer menschlicher Eigenschaften, die sich auf die gemeinsame Nutzung technischer Fähigkeiten ausdehnt.

Auch die Produktions- und Verbreitungstechniken unterliegen einer qualitativen Bewertung durch das Publikum. Entitäten wie Verlage, Plattenfirmen oder Clubs werden zwangsläufig sowohl mit einer gewissen technischen Kompetenz als auch mit menschlichen Qualitäten in Verbindung gebracht, die sich in Interaktionen zwischen

Entität und Öffentlichkeit sowie in Verhaltensweisen der sie leitenden Menschen gegenüber Außenstehenden widerspiegeln. So ist das rotierende Programmgestaltungssystem, das für die Anwerbung von Akteur*innen in der Netzwerklogik des Clubs wesentlich ist, gleichermaßen wichtig für das Engagement von Akteur*innen in der Reputationsdynamik. Die wichtigsten Akteur*innen der Gruppe tun mehr als nur zu koordinieren: Wir werden beobachten, dass sie gleichzeitig ihr Ansehen zur Verfügung stellen und sich das des Pudels zunutze machen.

3.2 Die durch das Agens in die Praxis umgesetzte Reputation

Manche Agenzien haben einen besonders guten Ruf und sind so eng mit dem Pudel Club verbunden, dass sie wie dessen Schutzheilige erscheinen. Das trifft auf die beiden Gründer Rocko Schamoni und Schorsch Kamerun zu, aber auch und insbesondere auf Ralf, den sehr einflussreichen Chefbooker des Ortes.

Neben seiner Rolle als einer der bedeutendsten Akteur*innen für die internationale Entwicklung des Pudels ist Ralf auch unter den Pseudonymen „Rüftata 110" oder „Raf le Spoinks" als Resident-DJ bekannt. Sebastian beschreibt ihn als „Gangster": Sehr einflussreich und mit außergewöhnlicher Ausstrahlung sei er einer jener Menschen, die in der Welt der elektronischen Musik Moden lancieren und sie wieder dekonstruieren. Als Sebastian einmal als freier Journalist bei Zeit Online arbeitete, schrieben sie zusammen einen biografischen Artikel über Ralf, „um auf die Fragen zu antworten, die ihm häufig in Interviews gestellt worden waren".[→70] Laut Sebastian hatte der Artikel Rekordklickzahlen und war in jenem Jahr der meistgelesene im Kulturteil — „mehr als der über Madonna", wie er mir versicherte. Zu den Attributen seiner Reputation gehören ein außergewöhnlich breites internationales Netzwerk und ein enzyklopädisches Wissen über experimentelle und Noise-Musik.

[→70] Sebastian Reier und Tamara Lehna, „Hier kommt Rüftata 110", *Die Zeit*, 19. Mai 2006, https://www.zeit.de/online/2006/21/bildergalerie-ruefta.

3.3 →
Poster für MFOC Abend mit Ralf (Portrait) © Alex Solman, 2011.

3.2.1 Breaching experiments: Ralf und seine magischen Techniken

Magie ist Technik in Perfektion, sagt Alfred Gell: Sie ermöglicht maximale Wirkung bei minimalem Einsatz von Ressourcen.[→71] Im Gespräch mit Sebastian fallen uns seine präzisen Formulierungen auf, mit denen er die Auswirkungen von Ralfs Interaktionen mit verschiedenen Akteur*innen auf das Publikum beschreibt: „Mit Ralf bebt die Erde manchmal ganz sanft", erzählt er uns voller Bewunderung für die Superkräfte, die sein Freund auf die Realität anzuwenden weiß.

Er erzählt mir folgende Anekdote: Eine französische Band spielt an jenem Abend ein Konzert im Pudel. Sebastian begrüßt sie in seiner Rolle als Veranstalter und beginnt mit ihnen das übliche Procedere. Ein Bandmitglied überreicht Sebastian die Gästeliste, auf der Namen von Leuten stehen, die die Band kostenlos reinlassen will. Sebastian schlägt ihm vor, die Liste direkt Ralf zu geben, der am Einlasstresen sitzt. Der Musiker kommt keuchend zurück; Sebastian fragt ihn, was passiert sei. Er antwortet ihm: „Ralf ate it." Was er meine, fragt Sebastian ihn, da er nicht verstanden hat. „He took the list, he said thank you, and he ate it", antwortet der Typ fassungslos. Ralf hatte das Stück Papier, das ihm der Musiker gegeben hatte, tatsächlich gegessen und dann „natürlich" die Liste akzeptiert. Letztere musste neu erstellt werden, was zeigt, dass es sich um einen Scherz handelte.[→72]

Im Gespräch kommt Sebastian schnell auf eine von Ralfs ungewöhnlichen Angewohnheiten beim Auflegen zu sprechen: „Er ist der einzige DJ, den ich kenne, der seine Zellen [die Tonabnehmer seiner Vinyl-Decks] ableckt. Das macht überhaupt keinen Sinn, das bringt nichts, es sieht nicht gut aus, es macht ein schreckliches Geräusch, aber er ist der Einzige, der das macht."

Ohne Ralfs Verhalten durch diese von ihm nahestehenden Leuten gelieferten Bruchstücke interpretieren zu wollen, können wir doch feststellen, dass dieser Akteur eine gewisse Freiheit in seinen Handlungsweisen zu haben scheint. Und zwar auch mit Menschen, die nicht zu seinem unmittelbaren Bekanntenkreis gehören. Und dass die Abweichungen von den Interaktionsnormen ganz eindeutig honoriert werden. Warum interpretiert Sebastian derartige Situationen nicht als Anflüge von Wahnsinn, sondern als Ausdruck einer besonders eigenständigen Persönlichkeit, sodass er sagen kann, dass „es nur einen wie ihn gibt"? Wir haben es mit einer situativen Wendung zu tun, die der „breaching experiments (Krisenexperimente)" von Garfinkels wild sociology würdig ist: Der/

[→71] Alfred Gell, *Art and Agency: An Anthropological Theory* (Oxford: Clarendon Press Oxford, 1998), 9.

[→72] Es war offensichtlich nicht nur ein Scherz, da Ralf in einem Interview erklärt: „Es gibt keine Gästeliste im Pudel." Lisa Van Houtem, „Ralf Köster", Freunde von Freunden (blog), 13. Juli 2012, http://www.freundevonfreunden.com/interviews/ralf-koster/.

Die/* Akteur*in verstößt wissentlich gegen die erwarteten Interaktionscodes, um ein situatives Ereignis zu erzeugen.[→73] Er/Sie/* bleibt jedoch für das Gegenüber innerhalb eines kohärenten Bezugsrahmens, dem Unerwarteten, Albernen — einer Handlung, bei der der Gebrauch des Objekts umgekehrt wird, um es auf andere Weise existieren zu lassen und den anderen so zu überraschen.

Soll diese Verhaltensweise gelingen, müssen die Kontexte, in denen Nachrichten geäußert werden, genau beherrscht werden. Hier wird der Kontext beherrscht, denn es handelt sich um den Referenzrahmen Pudel, an dessen Aufbau Ralf selbst maßgeblich beteiligt war. Der Salto wird gemeistert und das Publikum applaudiert, wenn es verstanden hat. Diejenigen, die nicht verstanden haben, haben das Augenzwinkern nicht gesehen, den Kontext der Äußerung, der die Handlung in eine Botschaft verwandelt. Sie verfügen nicht über denselben Referenzrahmen, der diese ethnomethodologische Akrobatik zulässt. Sie werden abgewertet oder bleiben außen vor. Die Reputation dieses Agens vergrößert sich mit zunehmender Information über das Gemeisterte, sei es durch unmittelbare Erfahrung oder durch die Weitergabe dieser gruppenspezifischen Legenden. Mit Hilfe von solchen Informationen können Handlungen des Agens innerhalb eines bestimmten Referenzrahmens verstanden werden, die schließlich die Bedingung zu möglichen Freiheiten sind, die der/die/* Akteur*in mit gesundem Menschenverstand annimmt.

3.2.2
Ralf und das Pudel-Framework

So sehr Ralf für seine Späße und Verstöße gegen den gesunden Menschenverstand bekannt ist, so sehr steht er auch für menschliche Qualitäten wie Integrität und Altruismus, durch die der Pudel nach und nach zu dem wurde, was er heute ist. Er wird innerhalb der Gruppe als jemand gesehen, der hart arbeitet und mit wenig auskommt, um seinen Lebensunterhalt als Kulturschaffender zu bestreiten. 2012 herrscht Ralf seit nahezu 20 Jahren über den Sonntagabend und hat durch diese wöchentliche Veranstaltung, wie ein Zeitgenossenund lokaler Künstler es während einen Interviews nannte, „eine Szene aufgebaut". So werden an Sonntagabenden die bekanntesten Musiker*innen jenseits des massenhaften Mainstream-Publikums von Freitag und Samstag eingeladen. In der Regel sind es diese Veranstaltungen, auf die sich Team und Kenner*innenpublikum am meisten freuen. Für diese Abende entstehen die aufwendigsten Plakate und die stärkste Kommunikation innerhalb des Clubs und in den Newslettern.

[→73] Garfinkel, *Studien zur Ethnomethodologie*, 104.

Ein externes Agens von einer Zusammenarbeit zu überzeugen, bringt das Ansehen der unterschiedlichen beteiligten Agenzien ins Spiel und festigt es. Hier verschmelzen Reputation des Agens Pudel und die des Agens Ralf, bzw. sie tauschen sich untereinander aus und befruchten sich gegenseitig, sodass sich beide verändern.

„Als ich ihn zum ersten Mal mit seinem weißen Bart am Flughafen gesehen habe, waren wir gleich auf einer Wellenlänge", erzählt Miles, ein englischer Produzent und Musiker, der seitdem ein Special Guest im Pudel ist. „Miles spielt an diesem Wochenende im Pudel, obwohl er in der Fabric in London für eine weitaus höhere Gage hätte auflegen können", erzählt mir Sebastian später. „Wir sorgen dafür, dass die Leute wiederkommen wollen. Wir kümmern uns um sie." Und er fügt hinzu: „Ralf holt sie beispielsweise immer selbst vom Flughafen ab. Daher kommen auch einige bekannte DJ*s zum Auflegen in den Pudel, obwohl sie dabei nicht viel verdienen. Manche, wie Robag [Wruhme], verzichten sogar auf ihr Honorar und die Reisekostenerstattung."

Ralfs Beziehungstechniken, auf die sich die anderen Agenzien beziehen, sind nicht nur Ursprung seiner eigenen Reputation, sondern auch der des Pudels. Sie verändern den Verlauf von Interaktionen und Wegen, um den beiden Entitäten „zu vollbringende Werke" zu ermöglichen, die ihnen nach und nach von Situation zu Situation mehr Substanz verleihen: Die Entitäten gewinnen dann weitere Agenzien für Kooperationen, da sie die Beziehungstechniken des Pudels erkennen. In der Praxis zeichnet sich das durch eine steigende Anzahl von Angeboten aus. „Ich erhalte täglich zwischen 30 und 40 Veranstaltungsvorschläge in der Pudel-Mailbox, die ich leider alle ablehnen muss", sagt Ralf.

Je näher man dem harten Kern der Gruppe und ihren wichtigsten Figuren kommt, desto komplizierter wird es, zwischen den Ethnomethoden einiger und dem Gruppenethos zu unterscheiden: Sind es Ralfs Werte, die die Werte des Pudels bedingen oder umgekehrt? „Wenn ich ankomme und er da an seinem Platz mit einem Bier und einer Zigarette an der Bar sitzt, fühle ich mich wie zu Hause", erzählt Eva, Barfrau im Pudel. Wie wir bereits im ersten Kapitel festgestellt haben, ist die Bar ein wichtiger Ort für den Ausdruck des Ortsethos, der zum Erhalt der Atmosphäre beiträgt. Wenn sich jemand hinter der Pudel-Bar weigert, eine/n/* Kund*in zu bedienen, weil er/sie/* sich über den Service beschwert, verstößt auch dies gegen die Regeln des gesunden Menschenverstandes, die die Grundlage eines spezifischen Referenzrahmens im Pudel bilden: Es ist der Ausdruck der vom Pudel anerkannten Ethnomethoden, die die Reputation der Einzelnen und des Ortes gleichermaßen prägen. Galt der Ort früher als respektlos, so gerät dieser Ruf heute mit zunehmendem Erfolg in Gefahr. Wir hörten, wie ein ehemaliger Clubbesucher sich über das aktuelle Verhalten der Besucher*innen enttäuscht zeigte, das er als zu konventionell empfand, und daher den charismatischen Gründer schreiend beschuldigte: „Rocko Schamoni hat eine Scheiße gebaut."

3.3 Verzauberungs-techniken und Reputation des Agens

Wo verläuft die Grenze zwischen Beziehungstechnik und künstlerischer Technik, zwischen dem großen Mundwerk von Schauspieler*innen und dem eines normalen Menschen? Bisher haben wir hauptsächlich über Beziehungstechniken gesprochen, nun sollen beim Pudel die Überschneidungen zwischen Beziehungstechniken und spezialisierten Verzauberungstechniken untersucht werden. Wir bedienen uns hier Alfred Gells Begriff der Verzauberungstechniken, um die Fähigkeiten jener Kulturagenzien zu erforschen, die das übersteigen, was der gesunde Menschenverstand für selbstverständlich hält; jene Techniken, die mit Instrumenten in technische Abläufe einsteigen, um „psychologische Reaktionen im sozialen Kontext zu kontrollieren und zu modifizieren".[→74] Wenn von Verzauberung des Publikums die Rede ist, sprechen DJ*s oft von konkreten „Tricks" und einem Metier, das sie erlernt haben: „Die Menge zu beeinflussen" [‚to work out a crowd'] erfordert ein ausgefeiltes Know-how.[→75]

Nächte im Pudel sind Veranstaltungen, bei denen ein Agens Techniken öffentlich zur Schau stellt, seine Kompetenz in einer Handlung demonstriert und dabei das Feld seiner „zu vollbringenden Werke" erweitert. Seine Reputation wird zugleich definiert, indem technische Fähigkeiten zur Erzeugung einer musikalischen Atmosphäre vor Clubpublikum eingesetzt werden. Der Pudel ist ein Ort, an dem Personen ihre technischen Fähigkeiten durch Mimikry und dadurch, dass ein Raum für trial and error gegeben ist, weiterentwickeln können. Zugleich vergrößert er die Reputation, die aus

[→74] Gell, *Art and Agency*, 7.
[→75] Siehe für eine vertiefte Beschäftigung mit diesen Techniken aus musikethnologischer Sicht Pamela Burnard, „DJ Cultures", in *Musical Creativities in Practice*, hg. von Pamela Burnard (Oxford University Press, 2012), 100–121, https://doi.org/10.1093/acprof:oso/9780199583942.003.0006.

jenen Techniken hervorgeht. Durch die Reputation der mit dem Ort verbundenen Agenzien werden wir sehen, wie dieser Ort mit eben jenen Fähigkeiten assoziiert wird.

Gehen wir einige Jahre in der Clubgeschichte zurück, finden wir zentrale Elemente in den Techniken, die die Reputation des Clubs und seiner Mitglieder aufgebaut haben und es bis heute tun. „Am Anfang gab es nur einen Plattenspieler zum Abspielen der Musik. Wir hatten eine Schreibmaschine genau daneben stehen und mussten während jedes Liedes einen kurzen Text schreiben, um eine lustige Überleitung zum nächsten Stück zu machen. Ein bisschen wie im Radio", erinnert sich Viktor. Auch Ralf bestätigt dies: „Als ich hier ankam, gab es nur einen Plattenspieler und ein Mikro, das an einer Flasche Jim Beam befestigt war."

Von Anfang an war bei den Bühnenauftritten im Club die literarische Praxis untrennbar mit der musikalischen verbunden. Eine spontane Praxis, die vor allen Anwesenden durchgeführt wird und durch ihren spielerischen Charakter, Musikarrangements im Wechsel mit spontanem Schreiben, gekennzeichnet ist. Diese Praxis setzte sich dann vor allem in den wöchentlichen Clubprogrammen fort, die per E-Mail verschickt wurden — einer Komposition aus Veranstaltungen und Schriftstellerei: „Die Texte waren so gut und lustig, dass viele Leute das Programm jede Woche sehnsüchtig erwarteten", erinnert sich Sebastian.

Mit Einführung eines zweiten Plattenspielers im Jahr 1996 hält im Pudel professionelle DJ*-Technik Einzug. Neue Gruppenmitglieder vertiefen sich in diese musikalischen Praktiken. Wenn sie es nicht schon anderswo gelernt haben, eignen sie sich allmählich das für ihre Auftritte erforderliche soziotechnische Wissen an. Sie machen also ihre ersten Gehversuche als DJ*s — höchstwahrscheinlich an einem Montag- oder Dienstagabend — und werden dazu von einem/einer/* älteren Resident-DJ* eingeladen. Mit der Zeit dürfen sie regelmäßiger auflegen und es wird ihnen ein Abend im Monat anvertraut. Ihr technisches Savoir-faire wird so aufgebaut und publik gemacht, die Agenzien machen sich die neue Reputation zu eigen, Kooperationsmöglichkeiten vervielfachen sich. Newcomer verlassen sich auf die Netzwerke und Soziotechniken der Alteingesessenen, um ihre Reputation aufzubauen. Der kommerzielle Erfolg, der — neben anderen, später noch zu eruierenden Kriterien — auf der weiteren Verbreitung der technischen Kompetenz von Akteur*innen beruht, sich mit einer stetig wachsenden Präsenz bis hin zum Berühmtheitsstatus auszustatten, hängt schließlich von der Gesamtheit aller Soziotechniken ab, durch die Werke verbreitet werden können.

Die Veröffentlichung einer Platte ist ein wichtiges Ereignis für Kultur-Agenzien, um ihre Existenz zu festigen, ihr Netzwerk und ihre Reputation zu erweitern. „Viele DJ*s engagieren eine/n/* Ghost-Producer*in, um eine Platte zu veröffentlichen; erst dann gehen sie auf Tour“, erklärt Sebastian. Die Existenz von Produzent*innen, Illustrator*innen, Musiker*innen und einem pudelaffinen Publikum erleichtert Karrierestarts. Das haben wir bereits bei DJ Patex beobachten können, auch wenn es offensichtlich nicht immer gelingt, Agenzien außerhalb der quasi familiären Sphäre des Golden Pudels zu etablieren. Umgekehrt haben kommerzielle Erfolge einiger Vertreter*innen zum Erhalt von Produktions- und Vertriebsstrukturen beigetragen.

Obwohl Musik die wichtigste kulturelle Aktivität im Pudel ist, gibt es auch Verbindungen der Gruppe zu anderen „Kunstwelten“[→76]: Theater, Literatur oder Bildende, Installative oder Performative Kunst. Auch wenn all diese Ausdrucksformen sich nicht unbedingt innerhalb der Pudelmauern artikulieren, geht es beim Aufbau von Karrieren auch um den Transfer von Netzwerk und Reputation. „Viele, die in den 90er Jahren den Pudel frequentiert haben, sind heute total erfolgreich. Ich höre regelmäßig unglaubliche Storys von Leuten, die ich damals kannte“, hat mir der Musiker Felix Kubin erzählt. Im folgenden Kapitel werden wir uns einige Beispiele genauer ansehen. Wie uns ein „Pudelist“ der ersten Stunde bestätigt: „Der Pudel hat seine Stars hervorgebracht. Star ist ein bisschen doofes Wort, aber hey! Ich meine Leute, die für etwas stehen. Der Pudel war eine Plattform für besondere Leute. Es fing auch mit Leuten an, die schon gut im Geschäft waren — Rocko und Schorsch. Und sie nutzten den Club als Vehikel für ihren Agitationsstil, ihren Humor. Im Pudel sahst du manchmal Fernsehteams mit Kameras. Und nicht umsonst: Es war echt ’ne Show.“[→77]

Von Gruppenmitgliedern wird der Ort häufig als äußerst agile Entität dargestellt, die zu diesem großen künstlerischen Reichtum beigetragen hat. Diese Darstellung findet sich deutlich in einigen ikonografischen Produktionen der Gruppe, wie beispielsweise auf dem Plakat für die Pudel Art Basel **→ 0.1**, das den Golden Pudel als Idol der Stadt verherrlicht und ihn mit den mütterlichen Attributen der Wölfin von Romulus und Remus zeigt, die ihr Volk säugt. Und genau das meint die Barfrau, von der ich gerade eine etwas verstaubte Schallplatte aus einem Glasschränkchen auf dem Tresen gekauft habe, mit einem geheimnisvollen Unterton, in dem ein Hauch von Ironie steckt: „Ah! Das ist Pudelstaub ... der ist Gold wert ...“

④

Der Pudel-Stil: Wie Spontaneität und Autorität erzeugt werden

„Im Pudel gibt es nur Punks."
(Bertile bei einem informellen Gespräch)

← 4.1
Viktor albert in seinem Studio für den Fotografen herum, Sebastian spielt mit seinem Hund, während Viktor arbeitet. Digitale Zeichnungen nach Fotographie von Autor 2011, 2024.

Die Existenz eines Agens wird zwar von einem aus anderen Akteur*innen bestehenden System unterstützt ... Aber wir haben immer noch nicht die Frage der Werkproduktion erörtert. Wie können wir die eklatanten Unterschiede im Schicksal der Menschen und ihren Werken analysieren, indem wir uns ihnen aus dem Blickwinkel ihrer intrinsischen Qualitäten nähern? Im Diskurs werden oft gerade jene menschlichen Eigenschaften, also ihre Genialität, zur Erklärung ihrer Entwicklung und der ihrer Werke herangezogen. Die klassische Philosophie, die in der Unterscheidung zwischen Subjekt und Objekt und im gesunden Menschenverstand verwurzelt ist, sieht in der Schöpfung einen Ausdruck einer inneren Qualität, die nach außen projiziert wird und sich in einem passiven Objekt materialisiert. Dies geschieht durch den Willen eines allmächtigen Subjekts.

Weit davon entfernt, die Vorstellung einer grundsätzlichen Ungleichheit individueller Werdegänge zu hinterfragen, kann die Beobachtung von Praktiken die Vorstellung eines außergewöhnlichen „Subjekts" relativieren, indem sie uns auf den Begriff der außergewöhnlichen Praktiken verweist. In diesen werden die besonderen Eigenschaften nicht mehr durch eine Innerlichkeit des Subjekts, sondern durch eine besondere Konfiguration bestimmt. Denn genau diese besondere Konstellation macht die Praxis zu dem, was sie ist; gleichzeitig unterstützt sie das Qualitätsurteil, das über die Praxis gefällt werden muss. Die Praxis dieser Konfiguration werden wir als „Stil" bezeichnen.

In diesem Kapitel werden wir versuchen, eine Definition von Stil „in Aktion" herauszuarbeiten. Zunächst analysieren wir detailliert den Ablauf einer „pudeltypischen" Stilausübung, und zwar von der Produktion bis zur Aufführung; anschließend werden wir anhand eines kurzen Überblicks über den Stilbegriff in der anthropologischen Literatur untersuchen, wie das Stilkonzept von Kulturtheoretiker*innen verwendet wurde. Schließlich werden wir unsere Kritik an diesem Stilbegriff erörtern und ein praktikableres Konzept vorschlagen, das es uns ermöglicht, bestimmte Werkeigenschaften und Charakteristiken der Agenzien — und insbesondere die bemerkenswerte Langlebigkeit der Institution Pudel Club — besser zu verstehen.

Um die Leser*innen nicht länger auf die Folter zu spannen, folgt hier in wenigen Sätzen das Hauptargument der beiden abschließenden Kapitel, die das behandeln, was unserer Ansicht nach die Einzigartigkeit des Pudel-Stils ausmacht.

Der Stil von Agenzien entspricht ihrer Fähigkeit, erfolgreich durch Verbindung mit anderen Agenzien „ein Werk zu vollbringen", um daraus etwas Neues zu schaffen: das Werk. Erfolg oder Misserfolg dieser Verbindung hängt von der Art und Weise ab, wie bestimmte technische Prozesse eingesetzt werden, um ausgewählte Elemente im Agenzienumfeld effizient zu verbinden. Die von der Pudel-Community entwickelten Verzauberungstechniken erleichtern die „Vollbringung des Werks" der Agenzien und machen sie gleichzeitig authentischer. Die erste Technik ist eine besondere Praxis des Samplings[→78]: das Mischen ausgewählter Elemente. Die zweite Technik ist eine spezifische Form der Ironie, die sich auf die Äußerungssituation bezieht.

4.1 Wozu der Stil uns veranlasst: die Vollbringung des Werkes

In manchen Fällen ist die Arbeit der das Werk vollbringenden Person besonders deutlich erkennbar. Die Person ist nicht Ausführende eines bestimmten Plans, sondern eher eine Diplomatin, die das Zusammentreffen zahlreicher Akteur*innen orchestriert, um den Projekterfolg zu gewährleisten.

Nehmen wir ein konkretes Beispiel aus der Praxis. Der folgende Text handelt von den Vorbereitungen eines Auftritts im Pudel Club, der anlässlich der Veröffentlichung einer von Sebastian Reier „Booty Carrell" und Viktor Marek aufgenommenen Platte stattfand: Pudel Produkt Nr. 13.[→79] Diese Situation der Stilausübung scheint besonders geeignet, um das Assemblage-Prinzip zu veranschaulichen; die Musikproduktion ist hier stark durch die Sampling-Technik geprägt. Außerdem legen die Agenzien offenbar großen Wert darauf, dass die „Nähte" des finalen Patchworks deutlich sichtbar gemacht werden, was den Rückschluss zulässt, dass Sampling hier viel mehr ist als eine einfache technische Lösung für ein gegebenes Problem. Dieses Beispiel wird zeigen, wie die Vollbringung des Werkes durch die Agenzien diese sichtbar und existent macht.

← 4.2
Cover von Check the Horse,
Illustration von Mimiyo Tomozawa,
Design von Alice Astie, 2011,
mit freundlicher Genehmigung.

„Mit Viktor ist es super angenehm: ich komme mit meinen Platten, gebe ihm ein paar Tracks und schaue ihm beim Arbeiten zu."
(Sebastian, Auszug aus einem Gespräch, November 2011)

Mitten am Nachmittag im Sommer 2011 treffen wir in Viktors Atelier ein, das sich im Keller eines Gebäudes im Innenhof befindet. Sebastian hatte mir eine Woche zuvor von einer Clubveranstaltung erzählt und ich hatte darum gebeten, ihn einen Tag lang begleiten zu dürfen. Nun durfte ich also bei der „Party des Monats" dabei sein: Die Rede ist von einer Releaseparty anlässlich der Veröffentlichung von drei neuen „Pudel Produkten", den Platten des hauseigenen Labels.[→80] Eine davon ist das Ergebnis einer außergewöhnlichen Kooperation von ihm und Viktor. Wir verabreden uns am Donnerstagmorgen in dem Plattenladen, in dem Sebastian zweimal wöchentlich arbeitet. Nach Begrüßung der englischen DJ*s, die an diesem Abend auch auflegen, machen wir uns auf den Weg, um uns auf den Auftritt vorzubereiten, der am gleichen Abend stattfinden wird.

Wir befinden uns im Herzen der Schanze — in den 80er Jahren DAS Underground-Viertel par excellence, das heute schick und trendy geworden ist. Das Gebäude im Innenhof scheint eines der wenigen zu sein, das noch in Künstler*innenhand verblieben ist. Viktor empfängt uns sehr herzlich: Sebastian, seinen kleinen Hund und mich. Er umarmt uns innig. Er macht uns einen Tee und wir setzen uns. Das Studio selbst, getrennt von einem großen Wohnzimmer und Proberaum, ist etwa zehn Quadratmeter groß: einfach und sauber, weiß gestrichen. Es ist relativ unordentlich, auf der einen Seite steht ein Computer mit vier Monitoren[→81], auf der anderen Seite die mit einem kleinen Mischpult verbundenen Maschinen, an das auch ein Plattenspieler angeschlossen ist. → **4.3**

Es folgt eine kurze Unterhaltung über die Aufführungsstruktur: Innerhalb weniger Stunden sollen etwa 25—30 Minuten Programm vorbereitet werden. Sie werden zunächst die Songs der an diesem Abend vorgestellten Platte spielen, darunter auch den titelgebenden Track „Check the Horse". Eines der Lieder wird Sebastian live singen. Der „Pudel Choir" soll den Refrain vortragen, aber die Anzahl der Sänger*innen steht noch nicht fest; Sebastian hat den Text ausgedruckt. Dann werden die Original-Songs, also das Ausgangsmaterial der Platte gespielt, jeweils gefolgt von ihren „geremixten" Versionen, d. h. sie werden durch Sampling-Techniken neu arrangiert und mit zusätzlicher Instrumentierung live gespielt.

Dann beginnt der eigentliche Produktionsprozess. Während der Session holt Sebastian eine ungewöhnliche Mischung von Vinylschallplatten

[→80] → **1.7**
[→81] Eine bemerkenswerte Analyse dieser musikalischen Vermittlungen nach der Theorie des vernetzten Akteurs stammt von Georgina Born, „On Musical Mediation: Ontology, Technology and Creativity", Twentieth-Century Music 2, Nr. 01 (März 2005), 7—36, https://doi.org/10.1017/S147857220500023X.

aus den 70er und 80er Jahren aus seiner Tasche: „Das weiße Pferd" der NDW-Gruppe The Wirtschaftswunder, eine Platte mit indischem Techno von 1983, eine mit taiwanesischer Musik, „A take of the Taiwanese at African music", erzählt er mir, auf Englisch im Text. Und eine Platte mit pakistanischer Musik, die laut Sebastian ebenfalls von afrikanischer Musik beeinflusst ist — „Zambo Zambo" singt der Chor. Die meisten von ihnen sind „Versuche", sogenannte „takes" „orientalischer" Musiker*innen, sagt er, die einen anderen Musikstil übernehmen, als man von ihnen erwarten würde. Sebastian erklärt mir auch, dass er Filmmusik aus dem Mittleren Osten besonders mag, weil sie oft amerikanische und lokale Einflüsse miteinander vereint, mit Englisch gesungenen Texten und traditionellen Instrumenten. Insgesamt werden etwa zehn Platten daraufhin überprüft.

Von jeder dieser Platten hat Sebastian ein Stück ausgewählt, das er kurz kommentiert. Viktor hört zu, nickt zustimmend und konzentriert sich dann auf ein melodisches und rhythmisches Element, einen kurzen Teil des Tracks. Er sucht unter Anleitung von Sebastian ein Sample oder wählt es selbst aus. Meist fällt die Wahl auf ein markantes Element, das sich vom restlichen Stück abhebt: Es wird für „witzig" befunden, weil es unpassend, einfach ungewöhnlich oder besonders packend ist.

Das Sample wird beim zweiten Durchlauf der Platte aufgenommen und gleich geloopt. Das verwendete Gerät ermöglicht eine Kontinuität zwischen Aufnahme des Samples und dem Abhören des Loops. Das Ergebnis modifiziert er mit Effekten, wenn er es für nötig hält. Und zwar nur ganz minimal, sodass die Samples immer leicht wiederzuerkennen sind. Dann komponiert er mit seinen Drum Machines flugs ein Arrangement — meist ein Percussion-Muster und eine Bassline —, um das oder die Snippet(s) hervorzuheben und in ein neues Stück zu verwandeln. Indem er die Effekte auf den verschiedenen Spuren des Tracks, die allesamt Loops sind, stark und schnell verändert, gestaltet er seine Komposition sehr dynamisch. Das Ganze wird dadurch sehr eingängig und tanzbar. Sein Tempo ist beeindruckend: Er wählt die Samples blitzschnell aus und fragt ab und zu nach unserer Meinung. Beim Hören entsteht der Eindruck einer bereits fertig produzierten und arrangierten Aufnahme. Wenn man die Augen schließt, vergisst man leicht, dass die Musik live komponiert ist. Viktor macht sich kaum Notizen, da er bereits alle Schritte im Kopf hat, die er später während der Aufführung ausführen wird. Er notiert lediglich die in der Maschine hinterlegten Samples sowie die geplante Reihenfolge der zu spielenden Stücke. Schwer zu sagen, ob er darüber

4.3 →
Viktor bei der Arbeit an seinen Maschinen, Digitale Zeichnungen nach Fotografie des Autors (2011), 2024.

nachdenkt, was er tut; er scheint mit der Komposition voranzukommen, indem er an der Maschine herumhantiert. Er drückt die Tasten seiner Drum Machine, während er das Ergebnis gleichzeitig prüfend anhört, macht nur wenige Versuche, verändert die gewählten Sounds nicht, akzeptiert irgendwie das unmittelbare Ergebnis und macht weiter, ohne zurückzublicken. Er nimmt das Ergebnis nicht einfach auf. Das Ganze wird später noch einmal live auf der Bühne produziert.

Später am Abend hörte ich Sebastian voller Bewunderung für den Produzenten zu einem Freund sagen: „Weißt du, Viktor ist super schnell, er kann fast alles live machen. Letztes Mal hatten wir eine Woche eingeplant, um die Platte aufzunehmen. In drei Tagen war sie fertig ... Und er macht das richtig gut — so was gibt's selten. Schnell und gut."

Nach wenigen Stunden, nur von kurzen Pausen unterbrochen, um mit dem Hund zu spielen oder einen Ingwertee zu trinken, packt Viktor seine Maschinen in einen alten Koffer und wickelt sie vorher in Tücher, um sie beim Transport zu schützen: Er nimmt seinen Sampler und zwei Drum Machines mit. Sebastian macht seine Plattentasche zu. Bevor er geht, wählt Viktor die Kleidung aus, die er am Abend tragen wird: „Musik ist eine Sache, Kleidung eine andere." Er entscheidet sich für einen grauen 70er-Jahre-Damen-Jumpsuit mit Tigermuster, der mit dem Schnurrbart des Musikers kontrastiert. Sebastian wiederum zieht eine afrikanische Leinentunika und einen passenden Hut an. Nach einem gemeinsamen Essen in einem türkischen Restaurant fahren wir mit dem Taxi zum Club. Der Chor setzt sich vor Ort aus den anwesenden Bandmitgliedern zusammen; ich werde eingeladen, als Versuchskaninchen beim Soundcheck dabei zu sein: „You're in the band", ruft Ralf mir vom Tresen zu. Ein Filmplakat, auf dem ein pakistanisches Rambo-Remake zu sehen ist, hängt über dem DJ*-Pult.

Die Beschreibung dieses typischen Ereignisses im Rahmen der Clubaktivitäten präsentiert zwei Menschen, die durch ihre Zusammenarbeit und den Einsatz ihrer jeweiligen Mittel den Pudel zum Laufen bringen. Die Veranstaltung wird als „Pudel Produkte Release Party" angekündigt: Der Stil des Kollektivs wird bei diesem Auftritt so offiziell wie möglich zur Schau gestellt.

Wenn wir uns auf die bestimmenden Stilaspekte der Veranstaltung konzentrieren wollen, sehen wir uns mit einer Verschränkung von Entitäten konfrontiert: Der Veranstaltungsort Pudel bringt sowohl das Publikum als auch die Musikproduktion zusammen. Die Musikproduktion verbindet zwei musikalische Agenzien. Jedes Agens besteht aus einer Person und einer Anzahl von Objekten und Werken. Jedes Objekt verweist auf eine große Anzahl von Akteur*innen und Praktiken. Jedes Werk verweist auf andere Ereignisse, Orte, Personen und andere Werke. Was die Veranstaltung einzigartig macht, sind diese beiden Elemente und die Art und Weise, wie sie miteinander kombiniert werden.

Sehen wir uns nun die Musikproduktion genauer an: Der Prozess ermöglicht es, die Kombination von Informationen und Techniken in der Praxis zu beobachten, die ein neues Werk hervorbringen. Im vorliegenden Fall bringt Sebastian seine Platten mit und Viktor benutzt seine Maschinen. Um das Schema zu vereinfachen, gehen wir davon aus, dass die verwendeten Informationen von Sebastian bereitgestellt werden und dass Viktor die Technik liefert, mit der die Informationen in ein neues Werk umgewandelt werden. Natürlich darf auch insbesondere die Gesamtheit der technischen Vermittlungsschritte, der Aufzeichnungsmedien, der analogen und digitalen Apparate, nicht außer Acht gelassen werden, die ebenfalls eine zentrale Rolle im Handlungsablauf spielen.[→82]

Sowohl während des Entstehungsprozesses als auch bei der Aufführung kann an den Steuerungselementen des Soundsystems ein Prozess der „verteilten Kognition“ beobachtet werden.[→83] Die beiden menschlichen Agenzien, die mit Objekten, Maschinen und Platten verbunden sind, bringen im Laufe des Ereignisses ein neues Agens mit bestimmten Eigenschaften hervor. Das neue Agens kann eigenständig Elemente vergegenwärtigen, indem es sie auf spezifische Art und Weise miteinander verknüpft: Es hat Stil. Ihm verdanken wir die Kombination dieses Musikstückes taiwanesischer Ureinwohner*innen mit dem Rhythmus eines elektronischen Instruments. Die Mischung wurde speziell dafür erdacht, um aus den Lautsprechern des Pudel Clubs zu erklingen und eine kleine Gruppe von Menschen an diesem Abend zum Tanzen zu bringen.

Sehen wir uns die einzelnen Beteiligten einmal an: Sie hören während der Zusammenarbeit natürlich nicht auf zu existieren. Ganz im Gegenteil — denn gerade während des Produktionsprozesses und im Laufe der Veranstaltung zeigen sich ihre Beziehungen zur Welt und ihre Präsenz am deutlichsten.

Während des Produktionsprozesses haben die Beteiligten zwei Arten von Erinnerungen gemeinsam verwendet: ein „semantisches“ und ein „prozedurales“ Gedächtnis.[→84] Das „semantische“ Gedächtnis ist ein Zeichengedächtnis, das es uns ermöglicht, ein Agens in der Situation zum Handeln zu bringen. Um ein Musikstück zu spielen, benötigt Sebastian den Namen der Schallplatte, die Erinnerung an das Coverbild oder zumindest an den Ort, wo er das Medium abgespeichert hat. Außerdem muss er den Track oder die Stelle

4.4 →
Sebastian und Viktor mit dem „Pudel-Chor“ beim Auftritt, Zeichnung basierend auf der Erinnerung des Autors, digital, 2023.

kennen, an der das Lied beginnt. Das „prozedurale“ Gedächtnis ist ein Gedächtnis aus Techniken, Programmen und Handlungen, die in einer Situation anzuwenden sind. Die Track-Auswahl, die er treffen wird, ist als technische Handlung anzusehen. Technisches Ziel des Agens ist es, das Publikum zu verzaubern. Seine Auswahl basiert auf präzisen, schwer zu beschreibenden Kriterien, da sie sowohl auf seinen Emotionen als auch auf den zu erwartenden Emotionen eines spezifischen Publikums beruhen. Und zwar sowohl auf den musikalischen Elementen selbst als auch auf den Referenzen, die sie transportieren.

Sebastians Auswahl erfolgt innerhalb einer Plattensammlung, einem begrenzten Register, das ihm bei seiner Entscheidungsfindung eine große Hilfe ist. Die Plattensammlung selbst ist ein Produkt von Sebastians Stil, aber sie ist gleichzeitig die Matrix seines Stils. Die Sammlung ist das Produkt seines Stils, weil sie das Ergebnis seiner Fähigkeit widerspiegelt, Werke auszuwählen und miteinander zu verknüpfen. Sie ist eine Matrix, da sie seine Auswahl einschränkt und folglich steuert, einer Ordnung (oder fehlerhaften Ordnung) entsprechend. Der materielle Aspekt der Praxis ist dabei nicht zu übersehen: Es handelt sich um Vinyl-Objekte in Papphüllen, die Sebastian sammelt und zusammenstellt, durchsieht, sortiert, transportiert ... und vor allem sind es Objekte, die er findet und sich aneignet. Sebastians Sammlung wurde nach einer Technik zusammengestellt, die es ihm ermöglicht, eine zufällig gefundene Platte zu klassifizieren und ihr eine Bedeutung beizumessen, die dann Teil einer Assemblage werden kann. Und es ist genau dieses prozedurale Gedächtnis, mit der Zusammenstellung dieser Selektionen — zusammen mit den Inhalten, die bereits in seinem semantischen Gedächtnis vorhanden sind —, die Sebastians Stil ausmachen. Je weiter sich seine oder ihre Assoziationstechniken entwickeln, desto mehr Elemente wird die Person im Gedächtnis speichern und desto eher wird sie andere Agenzien in der jeweiligen Situation in die Werke mit einbeziehen: Werke mit neuen Werken verbinden, Agenzien mit neuen Agenzien.

Sebastian verwendet für diese Session untypische Tracks. Hörer*innen werden durch den eklektischen Charakter der Zusammenstellung überrascht. Alle diese Aufnahmen haben gemeinsam, dass „Mainstream“-Hörer*innen ihren Sound als altmodisch empfinden. Schon der Label-Name, mit dem Sebastian zusammenarbeitet, „B-Music“, spiegelt den Fokus auf kleinere Werke wider, eben jene, die nicht berücksichtigt wurden. Selbst ihr „exotischer“ Charakter täuscht eine Authentizität der Tradition vor, da die ausgesuchten Werke meist westliche Musik covern, die von Musiker*innen aus anderen

Kulturkreisen gespielt wird. Antoine Hennion würde sagen, dass es sich hier um die Arbeit handelt, die der Ausübung des Geschmacks eigen ist und die ständig von Amateur*innen ausgeführt und aufgegriffen wird.[→85]

Viktors Hauptanliegen besteht darin, das Unerwartete zusammenzubringen. Zum Komponieren von Musik verwendet er insbesondere die Sampling-Technik. Prozedurales und semantisches Gedächtnis funktionieren hier in einem anderen Maßstab: Es werden nicht mehr ganze Tracks oder Platten zusammengesetzt, sondern Songschnipsel, melodische oder rhythmische Linien. Besonders interessant bei dieser Kompositionsform ist, dass Viktor kein vorher gesammeltes Repertoire an Klängen oder Loops verwendet. Er nutzt das, was er von Sebastian bekommt. Sie wählen übrigens gemeinsam die Schnipsel aus, die besonders hörenswerten Momente, die Viktor dann einbaut. Er verwendet auch andere „rohe" Klänge. In einem Interview erklärte er mir am Beispiel eines neben uns startenden Autos, dass er lieber diese Art von Geräuschen verwende als einen perfekten Gitarrenklang. Er sprach nicht von Geräuschen im Allgemeinen, sondern über das spezifische Geräusch, das wir gerade gehört hatten, was in unmittelbarer Reichweite und durch diese Produktionsweise und Montage direkt nutzbar war.

Viktor bewegt sich auf einem musikalischen Terrain, das als „Dub" bezeichnet wird, ein in Jamaika entstandenes Genre, das sich auf unzählige Werke bezieht, deren Motive unter anderem eine rhythmische Basis und ein Funktionsmuster liefern, das technisch in digitalen Produktionsmaschinen verwurzelt ist. Dub verwandelt das Aufnahmestudio in ein Instrument, das vom Producer-Engineer live gespielt wird.[→86] Auch die verwendeten Maschinen beeinflussen das finale Ergebnis maßgeblich. Deren Technologie ermöglicht ein flexibles Sampling sowie eine Klangsynthese.[→87]

Sebastian bewundert Viktors Fähigkeit, auf Basis der vorhandenen Klangrepertoires schnell neue Stücke zu produzieren, ihnen einen Sinn zu geben und der Assemblage den Status eines Musikstücks zu verleihen: Auch hier geht es um zahlreiche Beziehungen, die sich in der Handlung konkretisieren.

Im Kapitel über Netzwerke haben wir erörtert, welchen zentralen Platz Viktor innerhalb der Pudel-Aktivitäten einnimmt. Wenn Stil also die Fähigkeit von Agenzien ist, sich untereinander zu verbinden, um neue Werke hervorzubringen, ist die Fähigkeit der Viktor-Sebastian-Entität entscheidend: nämlich das Pudel-Publikum zu versammeln.

Der Ort spielt bei der Inszenierung eine Rolle: Laut Viktor ist es vorteilhaft, an einem relativ „privaten" Ort wie dem Pudel zu spielen, da man seine „Gegner*innen" genau vor sich hat. Das Publikum ist nah

[→85] Antoine Hennion, „Réflexivités. L'activité de l'amateur", *Réseaux* n° 153, no. 1 (February 2, 2009), 55–78, https://doi.org/10.3917/res.153.0055.

[→86] Stephen Davis und Peter Simon, „X-Ray Music: The Volatile History of Dub", in *Reggae International*, hg. von Luke Ehrlich (New York: R&B, 1982), 105.

[→87] Susanna I. Loza behandelte detailliert das große Forschungsfeld der kulturellen Interpretation von Diskursen und Werken aus dem Bereich der elektronischen Tanzmusik in ihrer Dissertation 2004 an der Universität von Kalifornien, Berkeley. Darin widmete sie sich auch dessen transnationaler Geschichte, seinen ideologischen Implikationen sowie der Fülle an theoretischer Literatur, die daraus

dran, die Beziehung zu den Musiker*innen wird erleichtert. Das erlaubt es ihm, einfacher zu experimentieren, sich in der Musikproduktion freier zu entfalten. Der Pudel hat die aktive Aufgabe, ein Publikum zu generieren, das mit dem speziellen Stil und der Atmosphäre, die von den Gruppenmitgliedern vorgegeben wird, kompatibel ist: Ein Publikum, das zu stereotypische Erwartungen hat, wird durch das Spielen untypischer Musik aussortiert. „Den Club leeren“, das geschieht durch die Ausübung eben jenes Stils: DJ*s hören nicht etwa auf zu spielen, sondern legen Platten auf, die nur ein spezifisches Publikum ansprechen werden. So haben die besonderen Abende mit „pakistanischer Musik“, die einmal pro Monat samstags stattfinden, das Ziel, ein bestimmtes Publikum anzulocken und ein anderes fernzuhalten. Die erklärten Ziele sind stets identisch: eine einladende Atmosphäre für die Mitglieder der Pudel-Community, ein angenehmes Publikum für Musiker*innen und DJ*s, ein geschütztes Gruppenerlebnis.

Für Akteur*innen ist Stil gleichbedeutend mit Niveau, d. h. Erfolg, Klasse, Handlungsfähigkeit. Laut Viktor sind die beiden Begriffe Stil und Niveau miteinander verwandt. „Niveau ist eine Frage von Stil und Trends werden hier hartnäckig ignoriert“, verkündet der Pudel im Header einer seiner Newsletter.[→88] Dennoch beobachten wir in den Diskursen und Praktiken zwei Stilformen, die paradox erscheinen: Der Stil des „Pudelisten“ stellt sich und seine Gruppe über ein Mainstream-Publikum, soll aber auch gleichzeitig zweitrangig und ausgefallen bleiben, das Lächerliche suchen und es auch häufig finden. „Wir sollten nicht zu cool sein, wir müssen ein bisschen schräg bleiben, ein bisschen durchgeknallt“, sagt Viktor. Diese absichtlich misslungenen Mischungen steigern jedoch nur den Erfolg der Gruppenexistenz und deren Mitglieder.

Laut Bertile wird der praktizierte Stil am besten durch Charlottes Handlung veranschaulicht, bei der sie „den Dingen Style verleiht“. Kommen wir zu einem Beispiel, das die Anwendung der Sampling-Technik auf einen vollkommen anderen Bereich zeigt.

Das Team versammelt sich bei einem Open-Air-Event, einem Festival, das mehrmals im Sommer, meist sonntags, organisiert wird und einen Tag lang dauert: das Pudel Open Air. **→ 4.5** Das Team kümmert sich um ein an den Club angrenzendes Stück Brachland; es wurde wieder instand gesetzt, seit der Zugang zur Terrasse durch das Restaurant über dem Club verboten ist. Angesichts der vertrockneten Blumenkästen, die an der Treppe zum Garten hängen, hat Charlotte plötzlich eine Idee. Sie pflanzt das Unkraut, sehr zufrieden mit dem Ergebnis der Begrünung, insbesondere mit der Sinnstiftung, die sie gerade durch das urbane Sampling geschaffen

hervorgegangen ist. Vgl. Susana I. Loza, *Global Rhetoric, Transnational Markets: The (post) modern Trajectories of Electronic Dance Music*, 2004.

[→88] „Niveau ist ein Frage von Stil und Trends werden hier hartnäckig ignoriert“, Pudel-Newsletter (schnauze@pudel.com) vom 24.01.12.

hat, und absolut begeistert von der unerwarteten Kreation. Die Überschreitung der Kategorien zwischen heimisch und wild wird nicht ausreichen, um unerwünschtes Publikum fernzuhalten, aber das flüchtige Werk verbreitet eine zweideutige Botschaft: Hier wird Unkraut gezüchtet, Abfall ist das Motto. Der Diskurs bleibt jedoch an dieser Stelle stehen, eine Klärung findet nicht statt. Die Handlung alleine reicht schon aus, es ist keine große Sache, aber es bringt sie zum Lachen.

Wir entdecken ein weiteres Paradoxon, das der Pudel-Aktivität zugrunde liegt: Je mehr das Individuum seinen persönlichen Stil ausübt, indem alles gemischt und nichts respektiert wird, desto mehr scheint der Pudel-Stil Gestalt anzunehmen und sich vor unseren Augen als deutliche und wirkungsvolle Entität zu verfestigen. Ist es der Pudel-Stil, der sich in den Handlungen der Individuen manifestiert, der sie dazu drängt, diese Assemblagen zu realisieren? Wie können wir die Begriffe des kollektiven und individuellen Stils miteinander verbinden? Wie haben sich Autor*innen der Sozial- und Kulturanthropologie der Stil-Frage genähert? Wie kann uns der Pudel helfen, den Stilbegriff zu verstehen?

4.2 Kultur und Stil

In der anthropologischen Literatur wird Stil entweder als erkennbare Norm betrachtet, deren Ausdruck auf eine Gruppenzugehörigkeit hinweist, oder als Abweichung von der Norm, die einem Individuationsprinzip folgt und die Originalität der Handlung oder Produktion eines Agens innerhalb der Gruppe markiert.[→89] Wir werden zunächst die Grenzen der ersten Definition erörtern, beginnend mit dem Stil als Wiedererkennungsmerkmal. Wir werden sehen, wie der Stilbegriff als Bestandteil einer Kultur verwendet wurde und dann als Grundlage der Subkultur. Anschließend werden wir die Grenzen der zweiten Definition untersuchen: Stil als Erzeuger von Besonderheiten.

4.2.1 Stil als Wiedererkennungsmerkmal: Kultur als Stil

Im allgemeinen Sprachgebrauch wird Stil häufig mit dem Begriff des ethnischen Stils oder sogar des historischen Stils verbunden: Ob eine

[→89] Vgl. Martinelli, *L'interrogation du style*, 19–48.

4.5 →
Pudel Open Air am 29.07.2011 mit Viktor Marek & Ashraf Sharif Khan, Charlotte Knothe grillt. Zeichnung basierend auf der Erinnerung des Autors, digital, 2024.

SDR

Pudel
OPEN
AiR

scharfe Speise dem „Thai"-Stil oder etwa ein Sockeltisch dem „Empire"-Stil angehört — Stil ist zunächst einmal erkennbar. Er ist Teil einer Identität, als Kategorie konstruiert, die wiederum einer allgemeinen Entität zugeordnet ist, sei es einem Land oder einer Epoche. Die Definition ist stark durch Verallgemeinerungen geprägt, die sich aus der Kompetenz der Akteur*innen ergeben, in allgemeinen Kategorien nach Klassifizierungselementen zu suchen.[→90] Der Verallgemeinerungsprozess ist ein charakteristisches Merkmal der klassisch sozialwissenschaftlichen Perspektive. Beeinflusst wurde diese Tatsache durch die Bedeutung des Sammelns von Objekten bei der Entstehung und Entwicklung der Disziplin sowie durch das ethnozentrische Nationenkonzept. Die Ethnologie war demnach schon früh daran interessiert, „ethnische Stile" in der materiellen Kultur und in symbolischen Praktiken im Allgemeinen zu definieren.

Der Stilbegriff wurde in einem Sinn verwendet, der dem der Kultur sehr nahe kommt, und zwar von Alfred. L. Kroeber, der bereits 1917 Stil als „eine überorganische Tendenz der Kultur" definierte.[→91] In der ersten Hälfte des 20. Jahrhunderts entwickelte Kroeber den Begriff so weiter, dass er daraus eine „durchdringende Kraft" machte, die die kulturelle Totalität aller Zivilisationen kennzeichnet; Letztere tragen alle einen „totalen Lebensstil" in sich.[→92] Wie Bruno Martinelli bemerkt, ist dieser Stilbegriff sehr nah an den Konzepten von Muster oder Ethos verortet, die von Margaret Mead, Ruth Benedict und Gregory Bateson entwickelt wurden: nämlich als eine homogenisierende Kraft individueller Dispositionen, eine Dynamik, die durch Institutionen verkörpert wird.[→93] In Übereinstimmung mit den Überlegungen der Kybernetik verstand Kroeber schon damals die Bedeutung der Rückkopplungseffekte zwischen Kultur und Dispositionen: „In gewisser Hinsicht machen die Menschen den Stil; andererseits sind sie selbst die Produkte des Stils."[→94]

Als das letzte Werk von Kroeber erschien, entwickelte André Leroi-Gourhan[→95] ein anderes Stilkonzept, das auf einem viel pragmatischeren Diskurs basiert. Stil wird hier als die Konkretisierung des technischen Trends betrachtet. Als letztes und einzigartiges Stadium des Objekts ist er das Gegenteil der Funktion, die als erstes Stadium einer Sache als universell gilt. Stil wird durch das Innere des Menschen beeinflusst. Als ein tiefes ästhetisches Bewusstsein wird er innerhalb von Gesellschaften weitergegeben und anerkannt. Es ist die innere Umgebung, die letztlich mit der Idee des Musters (pattern) oder Ethos gleichzusetzen ist, da nach Leroi-Gourhan die Einheit dieser Dispositionen durch Form und Dekoration der hergestellten

[→90] Nathalie Heinich, *Ce que l'art fait à la sociologie* (Paris: Éditions de Minuit, 1998).
[→91] Zitiert aus Martinelli, *L'interrogation du style,* 30.
[→92] Kroeber, *Style and Civilization,* 1957, zitiert aus Martinelli, *L'interrogation du style,* 30.
[→93] Martinelli, *L'interrogation du style,* 30. Vgl. Gregory Bateson, *Naven: A Survey of the Problems Suggested by a Composite Picture of the Culture of a New Guinea Tribe Drawn from Three Points of View* (Stanford, Calif: Stanford Univ. Press, 1958).
[→94] Alfred L. Kroeber, *Style and Civilizations,* Messenger lectures on the evolution of civilization, Cornell University (Cornell University Press, 1957), 60.
[→95] André Leroi-Gourhan, *Le geste et la parole,* Sciences d'aujourd'hui (Paris: A. Michel

Objekte wahrnehmbar gemacht wird. Der grundlegende Unterschied zur Kroeber'schen Perspektive liegt in der Betonung auf der Praxis, darin, Stil als „Akt" zu definieren.

Die stilistischen Produktionen der Pudel-Agenzien könnten so betrachtet werden, als folgten sie den gleichen Codes, die möglicherweise aus dem Kontext heraus erkennbar sind ... Nach Gregory Bateson ist Stil das Prinzip, das uns erlaubt, eine Äußerung zu vervollständigen, indem wir verstehen, wie sie funktioniert. Er rückt das Stilprinzip in die Nähe des Codebegriffs[→96]: Wir haben den Code der Zutaten, die zu kombinieren sind, um ein Gericht in einem bestimmten Stil zuzubereiten oder zu erkennen. Die Plakate, die Newsletter-Texte, die im Pudel gespielte Musik würden also alle dazu beitragen, einen ganz bestimmten Identitätsstil aufzubauen.

Auf den ersten Blick erscheint es beim Pudel jedoch schwierig, wenn nicht gar unmöglich, angesichts der Formenvielfalt und der Heterogenität der Inhalte zu bestimmen, was seinen ikonografischen oder musikalischen Stil ausmacht. Darüber hinaus führt die Tatsache, dass die Gruppe zu unserer westlichen Gesellschaft gehört, bei einem Teil der Ethnolog*innen dazu, die Möglichkeit einer kulturellen Besonderheit zu leugnen, eines Typs, der dem Ethnischen nahekommen würde. Betrachtet man jedoch die Gesamtheit der Produktionen, so ist ein signifikanter Zusammenhang sehr wohl wahrnehmbar. Diese Kohärenz wird außerdem von den Akteur*innen selbst identifiziert und durch die Zugehörigkeit zu einer breiteren Strömung behauptet: So wird der „Punk"-Stil oft als Quelle und Identität der Pudel-Akteur*innen in Erinnerung gerufen.

4.2.2 Stil als Subkultur: Pudel-Punk

Am Anfang des Golden Pudels steht die „Clique" von Rocko und Schorsch. Beide wurden stark von der Punk-Bewegung beeinflusst, einer subversiven Subkultur, die in den 80er Jahren aus England kam und ihr Echo in sozialen Forderungen und Konflikten fand, die damals Westdeutschland erschütterten. Der Stadtteil St. Pauli, insbesondere die Gegend rund um die Hafenstraße, die nur einen Steinwurf vom Pudel entfernt ist, war Schauplatz gewalttätiger Auseinandersetzungen zwischen der Hausbesetzerbewegung und der Polizei, die einen Zusammenschluss von aktivistischen Kräften und sympathisierenden Demonstrant*innen herbeiführte.[→97]

Schorsch Kamerun, Bandleader der Goldenen Zitronen, trat damals durch Konzerte während der Unruhen 1985 und '86 in Erscheinung. Die

Paris, 1964).

[→96] Gregory Bateson, *Ökologie des Geistes: anthropologische, psychologische, biologische und epistemologische Perspektiven* (Suhrkamp, 1985), 142.

[→97] Michael Herrmann u. a., *Hafenstrasse. Chronik und Analysen eines Konflikts* (Hamburg: Verlag am Galgenberg, 1987).

ironischen und engagierten deutschsprachigen Texte dieser „Fun-Punk"-Band trafen ins Schwarze, wurden schnell von anderen nachgeahmt und begründeten einen Trend in der Rockmusik, der später als Hamburger Schule bekannt werden sollte. Rocko Schamoni, der als Vorgruppe der Goldenen Zitronen mit seinen humorvollen Liedern auf der Bühne stand, war unschlagbar. Rocko wurde spätestens mit dem Erfolg von „Dorfpunks" bekannt, einem autobiografischen Buch über seine Jugend als „Dorfpunk" und seinen Umzug in die Stadt.[→98]

In einem im Juli 2012 verschickten Newsletter beschreibt Schorsch Kamerun den Pudel als „Museumsdorf der Subkulturen". Die Metapher ist treffend: Der Pudel bleibt ein Ort der Subkultur, ein Überbleibsel jener Subkulturen, die in den späten 1970er Jahren von der Birmingham School und ihrem Centre for Contemporary Culture Studies (C.C.C.S.) theoretisiert wurden.

Die Birmingham School war eine treibende Kraft bei der Untersuchung dieser umfangreichen Strömungen der Populärkultur. Sie war einerseits von der Chicagoer Schule beeinflusst, die ihren Schwerpunkt auf qualitative Forschungsmethoden legt, und andererseits von der Frankfurter Schule, durch einen marxistischen Ansatz, der eine soziologische Lesart der Herrschafts- und Produktionsverhältnisse vornimmt.[→99] Stuart Hall und seine Mitarbeitenden teilten jedoch nicht den Pessimismus von Theodor Adorno und Max Horkheimer: Die jugendlichen Akteur*innen der von ihnen beschriebenen Subkulturen waren in der Lage, die Herrschaftsstrukturen aufzudecken und den falschen Vorspiegelungen von „Natürlichkeit", die von der dominanten Kultur angeboten werden, zu „widerstehen", und zwar dank symbolischer Praktiken der Ablenkung, die die Autoren als eine eigenständige Ritualität beschreiben.[→100]

„Spektakuläre Subkulturen" haben einen „offensichtlich erzeugten Charakter", Subkulturen „stellen ihre Codes aus" und zeigen, dass sie dafür geschaffen sind, rekonstruiert zu werden, erklärte Dick Hebdige, ein weiterer bedeutender Autor der Birmingham School.[→101] Wir befinden uns innerhalb einer Logik, die im Widerspruch zur vorherrschenden Kultur steht, in der die Ausdrucksweise die Maske der Musiktradition und den Anschein einer natürlichen Ordnung begünstigt, die der Unterhaltung vorangeht. Die doppelte Unterscheidung ist in der Struktur der Botschaft selbst vorhanden, sowohl im Produktionsprozess als auch in der Art der Aufführung. Dies ist der erste Kommunikationsmodus, der über den Stil läuft: „Die Bedeutung des subkulturellen Stils besteht also darin, eine Differenz zu kommunizieren und eine kollektive Identität auszudrücken".[→102] Hebdige interessiert vor allem die Frage nach der

[→98] Rocko Schamoni, *Dorfpunks. Roman* (Reinbek bei Hamburg: Rowohlt Taschenbuch Verlag, 2004).

[→99] Stuart Hall, „*Race, Culture, and Communications: Looking Backward and Forward at Cultural Studies*", *Rethinking Marxism*, 1992. https://doi.org/10.1080/08935699208657998.

[→100] Stuart Hall (Hg.). *Resistance through rituals: youth subcultures in post-war Britain.* (London; New York: Routledge, 2006).

[→101] Dick Hebdige, *Subculture: The Meaning of Style* (London: Routledge, 1979), 108.

Botschaft, die ein Stil transportieren kann. Wie er betont, hat die Semiotik gezeigt, dass es keiner expliziten Absicht bedarf, um eine Botschaft zu kommunizieren. Die auserwählten Bestandteile eines Outfits tragen alle eine Bedeutung, und die Bedeutung liegt „nicht in den isolierten Elementen, die zu seiner Zusammensetzung gehören, sondern in der Art und Weise, wie diese Elemente miteinander kombiniert werden".

Die minimale Botschaft bejaht also die Abweichung in Bezug auf die Normalität. Im Pudel-Kontext hebt sich Sebastians und Viktors Performance von der „normalen" musikalischen Programmierung eines Clubs für elektronische Musik ab: sowohl durch die Auswahl der gespielten Stücke als auch durch ihren sehr heterogenen und unausgereiften Aufbau. Besonders auffällig ist Viktors Einsatz von Samples: Musikschnipsel aus den Repertoires von „Weltmusik", Filmmusik, des Jazz oder altmodischer Rockmusik werden wiederverwendet, verfälscht. Die Samples werden nicht neu arrangiert und geglättet, als unkenntliches Material behandelt, das perfekt in eine nahtlose Musik eingefügt wird; stattdessen klingen sie roh, es werden komplett intakte Stücke verbreitet. Die von Sebastian ausgewählten Stücke haben übrigens gemeinsam, dass die meisten selbst Wiederaneignungen sind — insbesondere von westlicher Musik durch östliche Musiker*innen, seltsame Mischungen, die in Vergessenheit geraten waren.

Die zweite Kommunikationsform, die sich am Stil ablesen lässt, ist näher am Inhalt des Werks selbst zu verorten. Es handelt sich um die Wiederaneignung von Objekten und bedeutungsvollen Elementen durch einen „Bricolage"-Prozess, ein Konzept, das Hebdige von Claude Lévi-Strauss' Buch Das wilde Denken[→103] übernimmt. Mitglieder der Punk-Subkultur haben durch die für sie spezifischen Konsumpraktiken oder Konsumverweigerung tatsächlich einen besonderen Umgang mit Waren. In der Art der „Wissenschaft des Konkreten" der magischen Denkschemata wird die Welt durch ein neues Beziehungssystem der Dinge umgedeutet. Durch die Neupositionierung bedeutungsvoller Objekte innerhalb einer neuen Konfiguration unter gleichzeitiger Beibehaltung eines identischen Bedeutungsrepertoires entsteht eine neue Botschaft.

Nach Ansicht der Autoren der Birmingham School ist der subkulturelle Stil ein Symptom für die Malaise eines Teils der englischen Jugend. Von diesem Standpunkt aus betrachtet, sind die Autoren weitgehend durch das anthropologische Denken von Kroeber und Leroi-Gourhan inspiriert: Stil wird als Übersetzung einer kollektiven Innerlichkeit in Gesten, Worten und Werken gesehen. Hebdiges Arbeit ist für uns sehr nützlich, um die Besonderheiten (oder eher die

[→102] *Hebdige, Subculture,* 108.
[→103] Claude Lévi-Strauss, *Das wilde Denken* (Frankfurt am Main, 1968).

Allgemeinheiten) des Pudel-Stils zu verstehen, wobei dieser Ansatz heute deutlich an seine Grenzen stößt. Stark beeinflusst von der klassischen Soziologie und der kritischen Perspektive, bleibt die strukturmarxistische Diskussion von Stuart Hall und Dick Hebdige doch äußerst allgemein. Typischerweise betreibt sie eine Reduktion: Stil wird zu einem Massenphänomen, und Individuen werden als Akteur*innen beschrieben, die einer übergeordneten Kraft unterworfen sind, die sie dazu bringt, wenn schon nicht mit ihr, so doch zumindest gegen sie zu handeln. So wird ein wichtiger Teil der Erfahrung der Akteur*innen nicht erfasst, und zwar derjenige, der dem Stil die Ausübung der Originalität verleiht, die auf der Grundlage der Besonderheit gelebt wird.

4.2.3 Stil als Zeichen von Originalität und Besonderheit

Stil ist für Kunstschaffende und Kunstkritiker*innen das, was eine*n Autor*in von anderen Autor*innen unterscheidet, sowohl in der Produktionsweise als auch in den behandelten Themen. Wie der Anthropologe Bruno Martinelli zu Recht anmerkt, wird Stil neben der Idee der Klassifizierung als „etwas mehr" angesehen.[→104] Mit dem Stilbegriff verbunden ist auch der Variationsbegriff innerhalb eines anerkannten Rahmens. Dies ist die andere wichtige Definition, die dem Begriff im allgemeinen Sprachgebrauch und in der akademischen Literatur, insbesondere in der Kunstgeschichte, beigemessen wird. Ein Stil unterscheidet sich von anderen Stilen durch seine speziellen Eigenschaften, die mit dem Individuum und der Persönlichkeit zusammenhängen. Auf die Frage nach der Bedeutung des Satzes „Niveau ist eine Frage des Stils" sagt Viktor, dass das Wortspiel auf der Nähe beruht, die er zwischen Niveau und Stil sieht. Im Deutschen ist Niveau ein Synonym für „Klasse". Stil zu haben bedeutet, Träger*in eines bestimmten Unterscheidungsmerkmals zu sein. Einer Unterscheidung, die durch Authentizität zustande kommt, ein Modus der Valorisierung, der für die von Nathalie Heinich beschriebene Einzigartigkeit charakteristisch ist.

In Ce que l'art fait à la sociologie[→105] verdeutlicht Heinich das grundlegende Problem, das Kunstwerk und Künstler*innendiskurs für die klassische Soziologie aufwerfen: Eingesperrt in einen argumentativen, allgemein verständlichen Modus, besessen von einer Perspektive menschlicher Gleichheit, betrachtet die Soziologie die künstlerische Produktion äußerst wertend. Den künstlerischen Werdegang im Sinne von „Karriere" zu beschreiben, wie es Howard

[→104] Martinelli, *L'interrogation du style*, 20.
[→105] Heinich, Ce que l'art fait à la sociologie.

Becker getan hat, geht also gegen das Erleben der Akteur*innen und ihr Empfinden im Sinne von „Berufung“ und geht von einer Strategie aus, wohingegen Akteur*innen dies als „Authentizität“ bezeichnen.[→106] Die Aufgabe von Kunstsoziolog*innen besteht darin, in einer unkritischen Perspektive „Verschiebungen“ vorzunehmen, um alle Facetten des sozialen Phänomens erfassen zu können. Heinich zeigt den zutiefst ideologischen Charakter der „Bourdieu’schen“ Kritik auf, um der von Luc Boltanski vertretenen pluralistischen Perspektive näherzukommen. Beide Autoren erkennen bereitwillig den Einfluss der Anthropologie auf ihre Untersuchungsmethoden und diese „relativistische“ Perspektive an, die die Relativität von Werten und die verschiedenen „Ordnungen der Äußerung“ hinterfragt, die in Kontroversen zutage treten.[→107] Allerdings fallen Wertungen nicht immer zusammen, Ambivalenzen und ihre Koexistenz müssen ernst genommen werden, um die Praktiken der Akteur*innen erklären zu können, wie wir im nächsten Kapitel sehen werden.

4.3 Stil als Handlung und Handlungskonfiguration

4.3.1 Stil als Handlung der Werkproduktion

Stil kann nicht abstrakt verstanden werden: Er ist abhängig von den Praktiken der Agenzien. Stil entspricht der Konkretisierung in der Situation einer Materialzusammenstellung durch eine technische Handlung. Nach Bruno Martinelli ist das Gedächtnis an dieser Assemblage beteiligt: das semantische Gedächtnis für den Materialeinsatz, das prozedurale Gedächtnis für die Assemblage-Techniken.[→108] Dies bringt uns einer Definition von Stil im Handeln näher, die es erlaubt, ihn als eine Eigenschaft des Agens zu begreifen.

Wir können Martinelli dennoch vorwerfen, dass er nicht alle Schlüsse aus der Umsetzung des Stilbegriffs zieht. Indem er die Stilausübung im Gedächtnis des Agens verortet, isoliert er ihn von äußeren Zufälligkeiten, deren Berücksichtigung für das Gelingen der Handlung absolut grundlegend ist. Das Werk wird dann zum bloßen

[→106] Howard S. Becker, Kunstwelten; aus dem Englischen von Thomas Klein (Hamburg: Avinus-Verlag, 2017).
[→107] Heinich, Ce que l’art fait à la sociologie, 155.
[→108] Martinelli, *L’interrogation du style,* 48.

Vermittler einer Botschaft von reinem Verstand zu reinem Verstand: Es integriert „mentale Prototypen“, die eine „Formerkennung“ für seine Empfänger*innen ermöglichen.[→109] Wir haben es mit der Innerlichkeit eines Subjekts zu tun, das auf ein neutrales Material in selbstbestimmter Weise einzuwirken scheint, um es seinem Willen zu unterwerfen. Doch Materialien haben ihre eigenen Eigenschaften. Unabhängig davon, ob sie von menschlichen oder nicht-menschlichen Agenzien stammen, nehmen sie an der Handlung teil.[→110] Durch die Stilausübung entsteht ein neues Werk: ein Ereignis, ein Musikstück oder ein plastisches Objekt. Ein stilbegabter Mensch weiß, wie er das Vorhandene zu nutzen hat, um dieses Arrangement herzustellen, damit es seinen Platz im Kontext einnimmt.

Die Person kann in die Handlung andere Agenzien einbeziehen, um sich selbst existenter zu machen. Sie hat umso mehr Potenzial, bei diesen Aktionen erfolgreich zu sein, wenn sie die Elemente, die sich in ihrer unmittelbaren Reichweite befinden, zu unterscheiden und zu nutzen weiß: diejenigen, die sie zufällig in der Situation vorfindet und deren Relevanz sie konstruiert, ebenso wie diejenigen, die sie sich bereits eingeprägt hat und deren Zugang sie kennt. Denken wir an Charlotte, die mit Unkraut den Pudel-Garten schmückt, oder an Viktor, der das Geräusch aufnimmt, das beim Öffnen einer Bierflasche entsteht, um daraus einen rhythmischen Break zu erzeugen.

Als „Stil“ werden wir die Fähigkeit des Agens bezeichnen, die verfügbaren Materialien zu transformieren, um sie in Form von Werken in sein Netzwerk einzubinden. Wir werden sehen, dass die Macht dieser neuen Agenzien — also der Werke — weitgehend von den verwendeten Techniken abhängt, mit denen sie hervorgebracht werden.

4.3.2 Stil als Handlungskonfiguration

Bei der Untersuchung der faszinierenden Unterschiede zwischen den materiellen Kulturen, die unsere vielseitige Welt durchziehen, haben Ethnolog*innen seit den Anfängen ihrer Disziplin versucht, die Unterschiede aus den besonderen Konfigurationen der von ihnen untersuchten Völker abzuleiten. Mit fortschreitender Erforschung gelingt es ihnen, immer detailliertere Schlüsse aus der Beobachtung von Praktiken zu ziehen, nicht nur materieller, sondern auch sprachlicher Art. Dennoch lag und liegt — wie bei Kroeber und Leroi-Gourhan festgestellt — der Erklärung oft die Vorstellung

[→109] Martinelli, *L'interrogation du style*, 47.
[→110] Vgl. Sophie Houdart und Olivier Thiery, *Humains, non-humains. Comment repeupler les sciences sociales* (Paris: La Découverte, 2011).

einer Innerlichkeit des Subjekts zugrunde, einer Innerlichkeit eines ganzen Volkes oder die eines Teils einer sozialen Klasse.

Jenseits des Gegensatzes zwischen Allgemeinheit und Besonderheit gibt es das Problem der Verortung des Subjekts innerhalb der Produktion der Stilelemente. In einer teleologischen Perspektive werden die verschiedenen Produktionen, die ein Werk konstituieren, teilweise als Träger der Intentionalität von Autor*innen betrachtet. Geht es letzten Endes nicht darum, die Originalität des Individuums mit der in der ethnischen Differenzierung enthaltenen Vorstellung von Identität in Beziehung zu setzen? Auch hier kommen wir zu einer handlungsfernen Perspektive; zu einem „Stil"-Begriff, der nicht in der Lage ist, seinem operativen Charakter in der Situation einer Interaktion gerecht zu werden.

Alfred Gell hat in seinem Buch Art and Agency versucht, das Konzept der Innerlichkeit des Subjekts auf die Werkproduktion eines Volkes zu übertragen.[→111] Im Kapitel „Stil und Kultur" geht er von einer Analogie zwischen Volk und Individuum aus. Der ethnisch-kulturelle Stil wird analysiert, um die „wesentlichen kulturellen Parameter" einer Kultur hervorzuheben, indem man sie durch die von der Kunstgeschichte entwickelten Werkzeuge laufen lässt, um den „geformten" Stil einzelner Künstler*innen durch ihre „psychologisch hervorstechenden" Merkmale zu erklären.[→112] Dieser lobenswerte Versuch stößt bedauerlicherweise auf dasselbe logische Problem: Indem er die Werkeigenschaften aus den zugrundeliegenden Strukturen ableitet, die bereits vor ihnen existieren würden, vernachlässigt er bei der Konstitution dieser Konfigurationen den aktiven Charakter von Praktiken. Es ist anzunehmen, dass Gells Entkörperlichung der analysierten Materialien eine wichtige Rolle bei jenem theoretischen Versehen gespielt hat: Es werden nur Werke mehrere Jahrzehnte nach ihrer Entstehung berücksichtigt, ob nun die von Duchamp oder die der Maoris.

Die Beobachtung von Produktionskontexten und die Berücksichtigung der Akteur*innenperspektive führt tatsächlich dazu, das Vermittlungsspiel, die „mediane Zone"[→113], die zwischen Künstler*innen und Werk und zwischen Werk und Betrachtenden interveniert, zu berücksichtigen. Die Beobachtung wird umso leichter in Kontexten, in denen das Ereignis selbst zum Werk und zum Vermittler wird und die Praxis dazu beiträgt, ein dynamisches Gleichgewicht zu erhalten. Stil als Praxis zeigt sich dann deutlich als der Ort, an dem die Konfiguration selbst entsteht, und nicht als der einfache Ausdruck einer Konfiguration, die ihr vorausgehen würde. Die Wege werden dann in der Aktion durchgespielt, ständig in Frage gestellt und etablieren eine einzigartige Existenz, die in jedem Moment

[→111] Alfred Gell, *Art and Agency: An Anthropological Theory* (Oxford: Clarendon Press Oxford, 1998).
[→112] Gell, *Art and Agency,* 162.
[→113] Antoine Hennion, Übersetzung M. Rigaud und P. Collier. *The Passion for Music: A Sociology of Mediation* (London; New York: Routledge, 2020), 10.

mithilfe eines spezifischen Know-hows aus den vorhandenen Materialien hergestellt werden muss.

Die Metapher des Töpfers, die der Philosoph Étienne Souriau zu Beginn seines Essays Le mode d'existence de l'œuvre à faire (Über den Modus der Existenz des zu vollbringenden Werkes)[→114] verwendet, ist in diesem Zusammenhang besonders aufschlussreich: Es gibt kein Projekt der Form, das im Material vollendet wäre, es gibt kein*e Meister*in, das Werk entsteht langsam und wird in der Handlung begründet.[→115] „Es ist gerade die Vollendung selbst, die schließlich eine Statue schafft, nach dem Bild von ... nach dem Bild wovon eigentlich? Nach dem Bild von nichts: Das Bild und sein Modell kommen gemeinsam in der Existenz an."[→116] Der Stilbegriff nimmt dann eine andere Wendung: Er wird zu einer Eigenschaft des Agens, eines Agens, das sowohl die Person, die verschiedenen technischen Vermittlungen, den Ort und das Werk selbst beinhaltet. Stil ist nicht nur eine Modalität des Handelns, sondern auch das Handeln selbst. Stil ist die Fähigkeit von Agenzien, das „zu vollbringende Werk" zu konkretisieren, das, was bereits vorhanden war, aber noch nicht existierte.

So zeigen sich der Pudel Club und seine Agenzien stilsicher durch ihre Fähigkeit, die Existenz, in Form von Werken und neuen Akteur*innen, eben genau durch jene vorhandenen Materialien und Akteur*innen herzustellen. Die Konfiguration, in der sie ihren Platz haben, ermöglicht die Aufrechterhaltung dieser ephemeren Gleichung, die es ermöglicht, dass die Handlung stattfindet und sich selbst reproduziert, indem sie sich immer verändert. Die beim Pudel verwendete Sampling-Technik — ob in der Musik oder bei der Gartenarbeit —, kombiniert mit den für die Assemblage gewählten Materialien, verleiht diesem Mittel eine spezifische Stileigenschaft. Wir werden im letzten Kapitel sehen, wie die rhetorische Technik der Ironie mit dieser Sampling-Technik kombiniert wird, um der besonderen Mischung des Pudel Clubs Kohärenz und Effektivität zu verleihen, die das Zusammenwirken von Generalisierung und Singularität ermöglicht und das Paradoxon in einen starken Motor für Handlungen verwandelt.

[→114] Étienne Souriau, *Die verschiedenen Modi der Existenz* (Meson Press, 2015).
[→115] Souriau, Die verschiedenen Modi der Existenz, 157.
[→116] Zitiert nach Isabelle Stengers & Bruno Latour, Vorwort zu Souriau, Die verschiedenen Modi der Existenz, 7.

↑ 5.1
Dieses Plakat für das Pudel Garden Open Air 21.08.2011 stammt aus einer Zeit, in der es einen heftigen Konflikt mit den Leuten von „Oben“ gab: Oben im Haus hatte einer der damaligen Pudel-Besitzer ohne Zustimmung des Pudel-Kollektivs einen kommerziellen Gastronomiebetrieb eröffnet. Der Konflikt eskalierte um die Raumnutzung des Hauses (siehe Kapitel 1). Dieses Bild von Alex Solman spiegelt die Position des Kollektivs wider, von „unten“, ohne Decke, ohne Probleme – eine ironische Teilnahme an dieser schwierigen Debatte.

5

Der Zauberhafe Pudel: Ironie als Kompetenz

„Der Pudel-Style is Renommee, des is' Geschichte, Renommee und Geschichte zugleich; der Pudel-Style ist Inszination, des is' inszeniert eifach, vom Klohäusl bis zum Tresen, alles inszeniert, des is' super, is' des, ja? Und des wollmer mal feschthalt'n. Und dann sing'mer a Hymne auf'n Pudel" (Norbert Karl)[→117]

Wie können wir die Art und Weise, wie Akteur*innen ihre Praktiken sehen, verstehen und ernst nehmen, ohne in die Falle dieses erzeugenden Dispositivs zu tappen? Also weder eine einfache Interpretation des Einzelwerkes vornehmen noch den Einzelnen ihre Besonderheiten absprechen, indem lediglich eine soziologische Beschreibung der Gruppe erfolgt?

Nach der im vorigen Kapitel vorgeschlagenen Definition beinhaltet Stil immer eine Praxis der Assemblage, ein Ins-Werk-Setzen, bei der auch die technische Vermittlung eine Rolle spielt. Agenzien werden in „Black Boxes" zusammengefügt, um neue Agenzien zu bilden.[→118] Wir haben eine erste Technik gesehen, die es „Pudelisten" erlaubt, die vorhandenen Materialien zu sammeln, um neue Einheiten zu erzeugen. Um die Entstehung eines Werkes beispielhaft zu veranschaulichen, beschriebe ich im Kapitel 2 den Produktionsablauf einer Veranstaltung. Betrachten wir die Veranstaltung als Werk, ist eine doppelte Handlung besonders in ihrer erfolgreichen Errichtung sichtbar: Die Handlung der Veranstalter*innen findet parallel zu der des Publikums statt.

In seinem Essay Le don du rien. Essai d'anthropologie de la fête beschreibt der Anthropologe Jean Duvignaud die Anwesenheit des Publikums und dessen Unterstützung bei der festlichen Aufführung. Auch das touristische Publikum, das den Ritualen der brasilianischen Terreiros beiwohnt, „wird hinzugefügt, es ist ein Vorwand", es ist das „Gerüst der Existenz"[→119] für das Spektakel, das ihm geboten wird. Das Handeln des Publikums, das in Duvignauds Beschreibung scheinbar selbstverständlich ist, kommt uns jedoch problematisch vor. Wie wird das Publikum bei der Umsetzung mit einbezogen, um der Veranstaltung Substanz zu geben? Wie wird der von Viktor und Sebastian aus dem Nichts konstruierte große Mix, der gerade alle seine „Nahtstellen" zeigen will, in einen authentischen Akt verwandelt und als solcher erlebt? Die Suche nach einer Antwort auf dieses Rätsel führt uns zu Alfred Gells Begriff der Verzauberungstechnik.[→120] Auch wenn, wie zuvor erläutert, in Gells Analyse ein omnipotentes Subjekt die Technik handhabt, werden wir uns dieses Konzepts dennoch wieder bedienen, um seine Anwendung auf unbestimmtere Praktiken auszudehnen, die die Aufrechterhaltung der Pudel-Club-Atmosphäre ermöglichen. In Kapitel 3 haben wir beschrieben, wie die von „Pudelisten" verwendeten Beziehungstechniken es ihnen ermöglichen, ihre Reputation zu erweitern, was diesen Agenzien ein größeres Handlungspotenzial verleiht. Wir haben beispielsweise gesehen, wie Ralf sich der Verzauberungstechniken bedient, indem er den gewöhnlichen Interaktionsverlauf verfremdet, sei es durch unerwartetes

[→117] Adolf Noise feat. Norbert Karl, Stefan Kozalla — „Inszination", in *Operation Pudel,* L'Age D'Or, 2001. Transcription aus: Anonym, „Kann ein Club auf einer CD sein? Leider nicht.", *laut.de,* undatiert, https://www.laut.de/Various-Artists/Alben/Operation-Pudel-2001-2973.

[→118] Siehe Bruno Latour, *Pandora's Hope: Essays on the Reality of Science Studies* (Cambridge, Mass: Harvard University Press, 1999), 304.

[→119] Jean Duvignaud, *Le don du rien: essai d'anthropologie de la fête,* Monde ouvert (Paris: Stock Paris, 1977), 49.

[→120] Alfred Gell, „The Technology of Enchangement and the Enchantment of Technology". In *Anthropology, Art, and Aesthetics,* herausgegeben von Jeremy Coote und Anthony Shelton, Oxford: Clarendon Press, 40—63, 1992.

Aufessen der Gästeliste, die ihm ein gastierender Künstler überreicht, oder durch das Ablecken der Zellen [Tonabnehmer] seiner Plattenspieler — mitten in seiner DJ-Session.[→121] Bisher haben wir jene Erzeugungsform desorientierender Mischformen als eine für sich allein wirksame Technik betrachtet, so wie auch die Handlung des Publikums selbstverständlich zu sein schien. In diesem Kapitel werden wir jene Argumentationslücke schließen. Wir werden analysieren, wie es der Pudel-Community gelingt, das Publikum in ihre Arbeit einzubeziehen und ihre Konstruktionen authentisch wirken zu lassen. Wir werden die Verwendung einer zweiten Verzauberungstechnik identifizieren und analysieren, die die erste bestätigt: eine bestimmte Form der Ironie, die sich auf die Äußerungssituation bezieht, deren Entwicklung wir versuchen werden nachzuzeichnen. Abschließend werden wir die kollektiven und persönlichen Veränderungen betrachten, die durch den vom Pudel-Style geschaffenen Raum ermöglicht werden.

5.1 Pudel-Punk

5.1.1 Reflexivität in der Subkultur: Punkironie

Kehren wir zur Birmingham School zurück, die wir bereits im vorherigen Kapitel erwähnt haben. Mit seinem Buch Subculture. The meaning of style[→122] liefert Dick Hebdige eine fundierte Ästhetikanalyse der Punk-Bewegung. Obwohl stark von einer kritischen, nach Theoretisierung und sozialen Bestimmungen strebenden Perspektive geprägt, widmet sich das Buch der Frage nach „signifying practices" („signifikanten Praktiken") auf effektive Weise.

Wie bereits im vorherigen Kapitel beschrieben, versuchten Forscher*innen des Centre for Contemporary Culture Studies in Birmingham (siehe Kapitel 4.2.2), die Anziehungskraft gewisser Subkulturen auf Jugendliche aus bestimmten sozialen Gruppen zu erklären, indem sie die Konzepte der Homologie und der Bricolage kreuzten: „Symbolische Objekte — Kleidung, Aussehen, Sprache, rituelle Anlässe, Interaktionsstile, Musik — sollen eine Einheit mit Beziehungen, Situation und Gruppenerfahrungen bilden.[→123][→124][→125] entlehnt ist, erweist sich für die Interpretation von Subkulturen als sehr gewinnbringend. So wird die Skinhead-Bewegung von Dick Hebdige als Anspruch auf eine Rückkehr zu einer mythischen

[→121] Siehe Kapitel 3.2.
[→122] Dick Hebdige, *Subculture: The Meaning of Style, New Accents* (London: Routledge London, 1979).
[→123] Hebdige, *Subculture*.
[→124] Paul Willis, *Profane Culture* (London: Routledge & K. Paul, 1978).
[→125] Claude Lévi-Strauss, *Das wilde Denken* (Frankfurt am Main, 1968).

Zeit „gelesen“, als das Proletariat der Träger von Werten der Integrität und authentischer sozialer Ordnung war. Punk hingegen ist geprägt von der Idee des Chaos, das sich auf allen Ebenen gemäß einer strengen Ordnung zeigt und zu einer „signifikanten Totalität“ wird: „In Chaos gekleidet, produzierten sie Lärm.[→126]

Die Abwesenheit fester Symbole innerhalb der Punkkultur stellt den Autor bei der von ihm angestrebten semiotischen Lektüre vor ein grundsätzliches Problem: Jene Abwesenheit stellt die Grundlagen dieser Art von Annäherung an die Realität in Frage. Die Rhetorik, die ihm begegnet, ist widersprüchlich, absichtlich undurchsichtig, die Diskurse tragen nur zur Verwirrung bei, indem sie Interpretationen unmöglich machen. Hebdige schlägt vor, über die exegetische Lesart des Stils hinauszugehen, indem er ihn als ein System von Praktiken betrachtet, aus dem es möglich wäre, das „hervorbringende Dispositiv“ zu isolieren. Hebdige beschließt dann, einige besonders auffällige semiotische Gegebenheiten zu untersuchen, um zunächst zu demonstrieren, dass es unmöglich ist, ein stabiles System von Signifikant/Signifikat zu etablieren, um den Punk-Stil zu entschlüsseln. Was bedeutet z. B. die Verwendung des Hakenkreuzes durch die englischen Punks der 1970er Jahre? Es ist keine Sympathie für Faschisten, argumentiert er: Das Hakenkreuz wird verwendet, weil dadurch „Skandal garantiert ist.“[→127] Das Symbol „verliert seine natürliche Bedeutung“, was mehr als eine Umkehrung ist, denn sein neuer Wert ergibt sich eben gerade aus seiner Bedeutungslosigkeit außerhalb des Kontextes und seinem „Mystifizierungspotenzial“: „Es ist also davon auszugehen, dass der zentrale Wert, der von der Swastika reflektiert und bewahrt wurde, die offensichtliche Abwesenheit jedes identifizierbaren Wertes war.“[→128]

Da traditionelle symbolistische Ansätze diesen Zugang zum Dispositiv nicht bieten können, wendet sich Hebdige einem Semiotikzweig zu, der sich für Polysemie interessiert. In den 1970er Jahren reflektierte die Gruppe Tel Quel die vom Kino angewandte „narrative Version der Realität“, angeführt von Autor*innen, die später die „French Theory“ bilden sollten: „Jener Ansatz legt weniger Wert auf das Primat von Struktur und System (‚Sprache‘) sondern eher auf die Position des sprechenden Subjekts innerhalb des Diskurses (‚Rede‘). (…) Sie untersucht den Prozess der Bedeutungskonstruktion und nicht das Endprodukt.“[→129]

In den 1970er Jahren wurden erneut die Begriffe „Inhalt“ und „Form“ hinterfragt. Dem lag die Vorstellung zugrunde, dass die Form nicht der transparente Behälter des Inhalts sein könne, dass beide in der narrativen Praxis ko-konstruiert würden. Die Autor*innen nehmen

[→126] Hebdige, *Subculture*, 120.
[→127] Hebdige, *Subculture*, 122.
[→128] Hebdige, *Subculture*, 124.
[→129] Hebdige, *Subculture*, 128.

sich Brechts episches Theater zum Vorbild, das Zuschauer*innen durch das Ungewöhnliche zur „Distanzierung von der Wirklichkeit“[→130] zwingt und sie so zum Überdenken ihrer Existenz anregt. Die Autor*innen der Pariser Zeitschrift Tel Quel prägen das Konzept der „signifying practice“ / „signifikanten Praktiken“: In den von der Nouvelle Vague angewandten Formen wurde die „Kollision“ der „Verkettung“ vorgezogen, der Bruch der Einheit, der Widerspruch der Integrität. Hebdige schrieb zu Beginn der postmodernen Bewegung in Frankreich, der wiederaufkommenden Kunstkritik und des philosophischen Denkens. Eine Kritik, die sich später auf die Sozialwissenschaften ausdehnen und die Anthropologie in den 1990er Jahren mit lebhaften Kontroversen über den „Kultur“-Begriff und einem neuen Interesse an Praktiken und Wahrnehmungen der Akteur*innen dazu nötigen sollte, ihren Rahmen der interpretativen Analyse zu überdenken.

In dieser neuen Perspektive werden radikale Punk-Praktiken als surrealistische Collagen gesehen, die sich um eine Leere drehen, in einer Kette von „ostentativen Lücken.“[→131] Nach dem von Hebdige verwendeten Prinzip der Homologie würden diese Praktiken das „innere Milieu“ eines Teils der Jugend ausdrücken, mit verloren gegangenen Bezugspunkten und ironischem Bewusstsein. „Sie inszenierten ihr Anderssein als Schiffbrüchige innerhalb der realen Welt, wie unentzifferbare Außerirdische“[→132], während sie ihre spezifische, symbolisch entstellte Herkunft durch die Evokation einer proletarischen Zugehörigkeit verschleierten.

Das Punk-Nonsense-System stellt also symbolische Konfigurationen auf, die zu mehrfacher Interpretation drängen. Für die aktiven Konfigurationen, die Leser*innen in unbeantwortbare Fragen verwickeln, ist dieses Spiel um die Bedeutung ihre Daseinsberechtigung. In den 1970er Jahren führte Julia Kristeva das „Signifikanz“-Konzept ein, eine Praxis, durch die Akteur*innen die Sprache zum Wirken bringen, um sie zu dekonstruieren. Roland Barthes, der ebenfalls mit der Tel-Quel-Gruppe zusammenarbeitete, hatte dieses Phänomen mit dem Begriff des „3. Sinnes“ hervorgehoben, dem „stumpfen“ Sinn[→133], der mit dem symbolischen Sinn eins wird. Die erste Bedeutung der Nachricht ist informativ, ihre zweite ist symbolisch; beide werden sie durch ein Element beeinträchtigt, das uns an der Absicht des/der/* Äußernden zweifeln lässt. Durch diese Praxis befinden sich die aus der Punk-Subkultur resultierenden Konfigurationen in einem Zustand permanenter Veränderung: „Sie führt ein heterogenes Set von Signifikanten ein, die jederzeit durch andere, nicht weniger produktive Signifikanten ersetzt werden können.“[→134]

[→130] Bertoldt Brecht, *Kleines Organon für das Theater* (Freiburg im Breisgau: Herder, 1966).
[→131] Hebdige, Subculture, 128.
[→132] Hebdige, Subculture, 120—121.
[→133] Hebdige, Subculture, 125. Siehe Roland Barthes, *L'Obvie et l'obtus: essais critiques III* (Paris: Seuil Paris, 1992).
[→134] Hebdige, Subculture, 134.

Hebdiges Argumentation führt uns dazu, die perfektionierte reflexive Haltung des Punk als spontanes Produkt einer kulturellen Konjunktur zu sehen. Diese Position wurde von Dave Laing, dem Autor von One Chord Wonders[→135], kritisiert, der davon überzeugt ist, dass Kunststudierende an der Punk-Bewegung von Anfang an beteiligt waren. Der Einfluss des Situationismus, der von Laing als ein früher Versuch postmodernen Denkens beschrieben wird, soll eine Schlüsselrolle dabei gespielt haben, dieses „generative Dispositiv" in Gang zu setzen. Wir werden sehen, dass die Punk-Attitüde in Hamburg wiederum von der konzeptuellen Kunstwelt beeinflusst wurde, was den Pudel-Stil besonders wirkungsvoll macht.

5.1.2 Margit Czenki: Von der R.A.F. zum Fun-Punk

Die Künstlerin Margit Czenki war mal eine treibende Kraft der Fun-Punk-Bewegung in Hamburg. Anfang der 80er Jahre wanderte sie nach Hamburg aus, um dem Münchner Establishment zu entkommen. Sie ist eine Schlüsselfigur in der Geschichte des Pudel Clubs, zum einen wegen ihres Einflusses auf die jungen Gründungsmitglieder, zum anderen wegen ihrer aktiven Rolle beim Erhalt des Pudel Clubs durch den Erfolg des Bürger*inneninitiative „Park Fiction".

Die engagierte Feministin, die Psychologie studierte und eine Ausbildung zur Kinderpflegerin absolvierte, gründete 1969 den ersten antiautoritären Kindergarten in München. Sie lebte damals in der Highfish-Kommune, einer der Hippie-Kommunen, die nach den Student*innenunruhen von 1968 mit neuen Formen des Zusammenlebens experimentierten. Einige ihrer berühmten Mitglieder (z. B. Uschi Obermaier) standen der Situationistischen Internationale nahe. Margit wurde Genossin der Roten Armee Fraktion und über Nacht zum Star der Boulevardpresse unter dem Namen „Banklady", nachdem sie „für die Bewegung" eine Münchner Bank ausgeraubt hatte. Ein Jahr später wurde sie von der Polizei gefasst und kam für fünf Jahre ins Gefängnis. 1977 entstand ein von ihrer Geschichte inspirierter feministischer Spielfilm: „Das zweite Erwachen der Christa Klages"[→136]. In den 1980er Jahren wurde sie Filmemacherin und arbeitete an zahlreichen Projekten in München. Sie wanderte mit ihrem Kind nach Hamburg aus und nahm einen Freund ihres Sohnes Ted auf, der sich später Schorsch Kamerun nennen wird, der als Jugendlicher von zu Hause weggelaufen war. Die beiden jungen Männer gründeten eine Rockband, die zu einer der berühmtesten Hamburgs werden sollte: die

[→135] Dave, Laing, *One Chord Wonders: Power and Meaning in Punk Rock* (Milton Keynes, England; Open University Press, 1985).

[→136] Margarethe von Trotta, *The second awakening of Christa Klages*, 1977, Farbfilm, 92'. Siehe den Kommentar von Jennifer Ward, „Enacting the Different Voice: Christa Klages and Feminist History", in Sara Friedrichsmeyer und Patricia Herminghouse, *Women in German yearbook: feminist studies in German literature & culture*. Vol. 11. Lincoln, Neb.; London: University of Nebraska Press, 1995, 48.

Goldenen Zitronen. Die „Clique“ der Zitronen, zu der auch Margit gehörte, zog andere junge Punks an, die gerade in die Stadt gekommen waren. Als charismatische und inspirierende Figur mit fortschrittlichen Ideen zur antiautoritären Erziehung schien Margit erheblichen Einfluss auf das Schicksal vieler von ihnen gehabt zu haben, indem sie ihnen Ermutigung, Anerkennung und intellektuelle Unterstützung bot. Zu ihnen gehören auch der Maler Daniel Richter und der Musiker, Komiker und Schriftsteller Rocko Schamoni.[→137]

5.1.3 Punk-Ironie und der Pudel Club

Die Frage ist nicht, ob der ursprüngliche „Geist“ der Punk-Pionier*innen die Ausbreitung der Bewegung überdauert hat, sondern eher, welche Rolle diese signifikanten Praktiken für den Erfolg und die Langlebigkeit des Pudel Clubs spielen. Handelt es sich um äußerliche Ähnlichkeiten, um Anhänger*innen, die nur den konventionellen Formen folgen, die damals festgelegt wurden? Obwohl die Gründungsfiguren des Golden Pudel Clubs sich in den 1980er und 90er Jahren entwickelten, scheinen sie perfekte Beispiele für jene Copycats zu sein, die Punk-Prinzipien zu einem Zeitpunkt aufgreifen, als dieser bereits für tot erklärt wurde. Natürlich vermischt sich die Kultur, verändert ihre Form und wird um verschiedene Einflüsse reicher. Wie wir in Hebdiges Analyse gesehen haben, ist die Punk-Subkultur insofern etwas Besonderes, als sie sich offensichtlich von jeder kanonischen Form distanzieren will: Polymorphismus und Hybridität sind ihre Grundprinzipien. Das verhindert jedoch nicht das Aufkommen eines gewissen Dogmatismus von „no future“. Das Abdriften wird von anderen Strömungen innerhalb der Bewegung bemängelt, die sich weigern, den Punk-Stil einrosten zu sehen, und deren Akteur*innen ihre Praktiken an seinem „generativen Dispositiv“ festmachen. Die Goldenen Zitronen sind „Fun-Punk“, eine Bewegung, die in England unter dem Namen „Pathetic Punk“ begann und sich durch einen besonders satirischen Humor auszeichnet. Als sich der Punk-Stil verbreitete, kam er mit anderen intellektuellen Strömungen in Kontakt. Diese Subkultur zog sowohl Jugendliche vom Land als auch engagierte radikale Künstler*innen an, die bereits gut innerhalb der Kunstwelt vernetzt waren.

Rocko Schamonis Bücher, vor allem Dorfpunks und Pudels Kern[→138], sind ironisch-autobiografische Erzählungen über neue Emanzipationsbestrebungen deutscher Jugendlicher, die sich in den späten 1980er

[→137] Für diese Hintergrundinformation danke ich dem Künstler Christoph Schäfer.

[→138] Schamoni, Rocko, *Dorfpunks. Roman* (Reinbek bei Hamburg: Rowohlt Taschenbuch Verlag, 2004).

Jahren der Punk-Subkultur zugehörig fühlen. Die Jugendlichen tauschen die Enge der Familie und die kleinstädtische Monotonie gegen die Freiheit der Großstädte und die dort waltende Kreativität ein. Sie nehmen neue Namen an, was symbolisch ihre Herkunft verzerrt: So verweist das Pseudonym „Rocko Schamoni" parodistisch auf die angebliche italienische Herkunft des Autors (sein richtiger Name ist Tobias Albrecht). Die Gründung einer bewusst dilettantischen Musikband ist eine der Voraussetzungen, um ein authentischer Punk zu werden: „Proben ist für die Schwachen, für die, die Angst haben"[→139]. Der zutiefst ironische Charakter der Geschichte, wie er im Untertitel von Dorfpunks „Sorry, aber genau so ist es gewesen" zum Ausdruck kommt, zeigt den gleichen Umkehrungsprozess. Er unterläuft so den üblicherweise glorifizierenden autobiografischen Stil, wie wir ihn aus der Kunstkritik kennen, „der Verherrlichung des Singulars (...), der die Produktion personalisiert, indem er sie auf ein einzelnes Subjekt bezieht"[→140], und betont stattdessen die parodistischen Aspekte der Entwicklung des Autors. In jüngerer Zeit schildert der Autor in Sternstunden der Bedeutungslosigkeit[→141] gelinde gesagt sarkastisch das gewöhnliche Hamburger Leben eines „Realitätsflüchtigen" (die exakte Formulierung des Soziologen Dick Hebdige, s. o., ist nicht überraschend). Indem er den Punk über das Punk-erzeugende System angreift, spielt er mit der Form in einer Weise, die Hebdige als typisch Punk beschreibt.

5.2 Der Pudel und die zeitgenössische Kunst

5.2.1 Die Akademie Isotrop: der Pudel als Künstler*in

Mitte der 90er Jahre entstand innerhalb des Pudel Clubs eine neue Institution: die Akademie Isotrop. Abel Hauer, ein junger Künstler, der von der Kunsthochschule abgelehnt worden war, suchte unter seinen Pudel-Bekannten nach Lehrer*innen. Er gründet diese „ortlose" Kunstakademie mit Hilfe von Schorsch Kamerun,

[→139] Schamoni, *Dorfpunks.*
[→140] Nathalie Heinich, *Ce que l'art fait à la sociologie* (Paris: Éditions de Minuit, 1998), 14.
[→141] Schamoni, Rocko, *Sternstunden der Bedeutungslosigkeit: Roman,* Köln: DuMont, 2007.

Daniel Richter, Roberto Ohrt, Christoph Schäfer und vielen anderen. „Es war nicht klar, wer Lehrender und wer Schüler*in war“, sagte mir Christoph Schäfer in 2011. Die Forschungsgruppe wurde in der Hamburger Szene immer wichtiger, bis hin zu einem „Feeder Program“ für die offizielle Institution: Nach einigen Jahren, so Roberto Ohrt, führte der Beitritt in die Akademie Isotrop zu einer definitiven Aufnahme in die HFBK. Die Akademie ist spezialisiert auf Malerei, Performance-Theater und Stadttheorie. Im Pudel Club finden regelmäßig Aufführungen statt und die Galerie Nomadenoase im Club gewinnt durch Installationen und Gemäldeausstellungen der Akademiemitglieder zunehmendes Ansehen.

Roberto Ohrt beschreibt den Geist der Akademie mit dem Slogan „Fake it till you make it“[→142]. Er selbst ist Künstler und Kunsthistoriker. 1991 veröffentlichte er Phantom Avantgarde, eine kritische Geschichte des Situationismus und der modernen Kunst.[→143] Die reflexive Haltung des Punks in Bezug auf den Status von Künstler*innen sowie die Verwendung von Signifikaten wird durch eine intensive theoretische Reflexion erweitert. „Fake it till you make it“ spielt mit der Ablehnung der Vorstellung eines angeborenen Talents und der Idee, dass der Erfolg von Künstler*innen vor allem auf einer Selbstdarstellungspraxis beruht. Die Signifikanzpraxis wird von diesen jungen Künstler*innen voll ausgeschöpft, als Quelle neuer sensorischer Erfahrungen und als Werkzeug zur Umsetzung des von Guy Debord theoretisierten „dérive“ (das Erkunden einer Stadt durch zielloses Umherschweifen).[→144]

Der berühmteste von ihnen ist Jonathan Meese: Im Alter von 22 Jahren begann er zu malen, besuchte die Kunsthochschule und die Akademie Isotrop, wo er „viel mehr lernte als in der Schule“, so Christoph Schäfer. Von Ausstellung zu Ausstellung hat sich der expressionistische Maler in den vergangenen Jahren einen ambivalenten Charakter erschaffen und verkündet, dass er die „Diktatur der Kunst“ ein für alle Mal beseitigen will. Gekleidet in eine schwarze Adidas-Trainingsjacke, hält er meisterhafte, die nationalsozialistische Ideologie karikierende Reden — im Namen des Sieges einer von Ideologie, Religion und Esoterik befreiten Kunst: „Demokratie ist der Feind der Kunst.“ Die ironische Vermischung der Diskursordnung ist überwältigend, auf ihr basiert die Wirksamkeit von Meeses künstlerischer Praxis.[→145] Meeses Verzaubeungstechnik treibt die von D. Hebdige analysierte Verwendung des Hakenkreuzes durch Punks systematisch und komplett auf die Spitze. Die Kunstwelt applaudiert, lobt ihn und macht sich zum Komplizen dieser lukrativen Maskerade: Die Figur hat sich, trotz der extremen Polemik, oder besser gesagt durch diese, so weit

[→142] Ohrt zitiert den Romanautor Jonathan Lethem, Patrick Marcoux, „April 07, WM Issue # 2: Roberto Ohrt Akademie Isotrop Presentation @ MANDRAKE“, *Whitehot Magazine of Contemporary Art (blog)*, April 2007, https://whitehotmagazine.com/articles/ohrt-akademie-isotrop-presentation-mandrake/296, zugegriffen am 29.03.2024.

[→143] Roberto Ohrt, *Phantom Avantgarde: eine Geschichte der Situationistischen Internationale und der modernen Kunst* (Hamburg: Ed. Nautilus, 1997).

[→144] Roberto Ohrt zitiert von Patrick Marcoux, April 07, Whitehot Magazine Issue # 2: Roberto Ohrt Akademie Isotrop presentation @ MANDRAKE. 24.02.2027. Vgl. Guy Debord. „Théorie de la dérive“. *Les Lèvres nues*, Nr. 9 (November 1956).

etablieren können, dass ihr 2012 die Inszenierung der Oper Parsifal bei den Bayreuther Festspielen angeboten wurde.[→146]

Roberto Ohrt zufolge ist Meese ein typisches Beispiel für die theoretische Haltung der Akademie Isotrop. Ohrt begnügt sich damit, die Akademie Isotrop als „produktive Fiktion" zu betrachten; eine Gruppe, die es durch ihre Solidarität geschafft hat, die Kunstwelt vom Wert einiger ihrer Mitglieder zu überzeugen, indem sie auf ihrer eigenen Richtung beharrt. Zur Etablierung der Künstler*innen gehören Netzwerk und Reputation, wie in den vorherigen Kapiteln ausgeführt wurde. Ich glaube jedoch, dass die Akademie, ähnlich wie der Pudel Club, ihren Mitgliedern gleichzeitig die Beherrschung einer charakteristischen Form der Ironie vermittelt hat, die ihren Handlungen eine einzigartige Wirksamkeit verleiht. Eine pragmatische Analyse dieser rhetorischen Technik ist notwendig, um zu klären, welche Rolle die Werke bei der Entwicklung der Akteur*innen spielen.

Meine Hypothese ist inspiriert von dem von Julien Bonhomme bei den Wahrsagern von Bwete Misoko (Gabun) beschriebenen Beziehungsgefüge der Veridiktion, bei dem der Ethnologe der „ironischen Beziehung" eine zentrale Rolle beimisst.[→147] Wie wir im folgenden Fall sehen werden, „organisiert die pudeltypische Ironie die Beziehung des Selbst zu sich selbst" für die Gruppenmitglieder (erinnern wir uns an Roberto Ohrts „Fake it till you make it"), und gleichzeitig „orchestriert sie die Beziehung des Selbst zu den anderen"[→148], während sie individuelle und kollektive Werke hervorbringt.

5.2.2 Pudel Art Basel: Ein Fall von Implementierung „pudeltypischer" Techniken

Sehen wir uns ein Highlight des Clubgeschehens an, das von mehreren Gruppenmitgliedern als besonders bezeichnend für seinen speziellen Stil genannt wird: die Pudel Art Basel, eine Kunstauktion, die bewusst zweideutig der Gentrifizierung entgegenwirken will. Ein Foto in einem Zeitungsartikel zeigt Rocko Schamoni als Auktionator mit seinem Heimwerkerhammer auf dem Tisch, in der Mitte Christoph Schäfer und, direkt hinter dem ausgestellten Werk, Ralf Köster.[→149] Der Name „Pudel Art Basel" ist ein Wortspiel, angelehnt an den Namen einer der wichtigsten Veranstaltungen für zeitgenössische Kunst in Europa, der Art Basel: die Pudel-Messe Basel, oder die Messe „nach Art des Pudels". Die Veranstaltung,

[→145] Maxime Le Calvé, „Ethnographie dans l'espace de la ‚Dictature de l'Art' de Jonathan Meese. Comment bien ‚laisser faire ce qui arrive'". Hrsg. von Thomas Golsenne und Patricia Ribault. *Techniques & Culture. Revue semestrielle d'anthropologie des techniques,* Nr. 64 (2015); Maxime Le Calvé, „Invocations antagonistes: les atmosphères condensées de l'artiste Jonathan Meese". *Communications,* Nr. 102 (2018), 153–167.

[→146] Maxime Le Calvé, „Le Parsifal de Jonathan Meese: Enquête ethnographique sur un projet de mise en scène contemporaine" (Doktorarbeit, Paris Sciences et Lettres, 2018), http://www.theses.fr/2018PSLEH114.

[→147] Julien Bonhomme, *Le miroir et le crâne. Le parcours rituel de la société initiatique Bwete Misoko (Gabon)* (Ecole des Hautes Etudes en

die durch ein Plakat angekündigt wird, auf dem alle an der Aktion beteiligten Akteur*innen unter der Ägide eines großen goldenen Pudels versammelt sind, beruft sich auf künstlerischen Aktivismus → **0.1**. Sie richtet sich zunächst gegen die Immobilienspekulation, die Mieten in die Höhe treibt und das Bild des neuerdings attraktiven Stadtteils St. Pauli erheblich verändert, kritisiert aber auch die Vermarktung der Kunst. Im Hintergrund scheint jedoch eine komplexere Absicht zu wirken, die eine Pudelistin zum Ausdruck bringt, als sie mir das Ereignis ein Jahr später beschreibt.[→150] Sie beschwört den Wunsch herauf, einen Apparat in Form eines Ereignisses zu errichten, der es ermöglicht, eine existenzielle Position zu erforschen: die von idealistischen Künstler*innen, die mit dem Markt konfrontiert sind, aber auch die eines Kollektivs, das gegen seinen Willen einen negativen Einfluss auf seine Umgebung zu haben scheint. Der Einfluss wurde in den letzten Jahren immer offensichtlicher, als die Stadt Hamburg nach den Veröffentlichungen des amerikanischen Soziologen Richard Florida[→151] versuchte, Investoren anzulocken, indem sie den Ruf ihrer unabhängigen Randgruppen nutzte.

Die Performance findet sowohl innerhalb als auch außerhalb des Clubs statt, mit einer Ausstellung der Werke und ihrer anschließenden Versteigerung auf der Terrasse des Pudel Salons, vor vollem Haus. Wir haben gesehen, dass der Pudel Club eng mit der Welt der zeitgenössischen Kunst verbunden ist, da er zwischen 1996 und 2004 die Galerie Nomadenoase beherbergte und auch weiterhin manchmal montagabends Eröffnungen für HFBK-Studierende veranstaltet. Die Ausstellenden sind aber nicht nur bildende Künstler*innen: Die meisten sind Musiker*innen, Resident-DJ*s oder einfach Stammgäst*innen des Clubs.

Der überwiegende Teil der Werke „geht“ für 50 bis 200 Euro weg. 70 % des Geldes erhalten die Künstler*innen, 30 % ist für „Anti-Gentrifizierungs“-Aktionen vorgesehen. Aber auch berühmte Künstler*innen sind im Pudel vertreten: 4.300 Euro kostet eine Gemeinschaftsarbeit von Daniel Richter und Jonathan Meese. Beim Verkauf stellen die beiden dem Publikum dann die berühmten „Gentrifizierer“ vor und die bourgeoisen Käufer*innen werden aufgefordert, nach Hause zu gehen ... natürlich immer in scherzhaftem Ton.

Die dem Ereignis zugrunde liegende Botschaft ist ironisch und undurchsichtig, reich an „stumpfer“ Bedeutung[→152], die den Empfänger*innen nicht die Absicht der Sprechenden verdeutlicht. Sie gibt Akteur*innen ein wirksames Mittel an die Hand, um lange Reden zu halten und Menschen zum Sprechen zu bringen. Nicht nur während der Veranstaltung, durch ständige Anspielungen der

Sciences Sociales, EHESS, 2003).

[→148] Bonhomme, *Le miroir et le crâne*, 518.

[→149] Prizkau, Anna. Pudel Art Basel: Klamauk auf hohem Niveau.“ *Art-magazin.de*, 31.08.2009, zugegriffen 14.12.2012.

[→150] Siehe Interview mit Eva, unten im Sektion 5.4.1.

[→151] Die Kontroverse um die „Marke Hamburg“ ist durch das Manifest *„Not In Our Name, Marke Hamburg!“* explodiert, das Ted Gaier, Melissa Logan, Rocko Schamoni, Peter Lohmeyer, Tino Hanekamp und Christoph Twickel im November 2009 publizierten. „Manifest: Not In Our Name, Marke Hamburg! — Recht auf Stadt, Plattform fuer stadtpolitisch Aktive“, zugegriffen 29. März 2024, http://wiki.rechtaufstadt.net/index.php/Manifest_Not_In_Our_Name,_Marke_Hamburg!.

Zeremonienmeister auf die ambivalente Situation, sondern auch durch externe Akteur*innen wie das Online-Magazin „Art“, das über diesen „Klamauk auf hohem Niveau“ berichtet.[→153] Die Ironie ist vielschichtig und verschont weder Kunstwelt noch Sammler*innen oder gar die „Anti-Gentrifizierungs“-Aktion, die von der finanziellen Unterstützung ihrer erklärten Feind*innen profitiert. Die Ironie richtet sich jedoch nicht etwa gegen eine bestimmte Person, sondern gegen die Situation, in der die Botschaft geäußert wird.

Wir befinden uns hier genau an dem Punkt, an dem Menschen völlig widersprüchliche Wahrheiten äußern und miteinander in Einklang bringen, während sie sich dieser Widersprüche sehr wohl bewusst sind. Die Situation bestätigt Heinichs These[→154], dass gegensätzliche Äußerungen friedlich in ein und demselben Diskurs koexistieren können: Akteur*innen zeigen die ironische Versöhnung zwischen einem kritischen Diskurs soziologischer Couleur, vor dem Hintergrund von Klassenkampf und sozialer Determination, und einem Diskurs, der auf dem authentischen persönlichen Ausdruck des/der/* Künstler*in und der Aufwertung seiner Seltenheit beruht. Was Heinich nicht gesehen hat, ist, dass die Akteur*innen diese Pluralität der Perspektiven nutzen und dass sie es zur eigentlichen Triebfeder der Wirksamkeit ihres Handelns machen.

5.3 Ironie als Verzauberungstechnik

5.3.1 Wirksamkeit von Ironie als rhetorischer Technik

Indem sie eine Situation erzeugen, die zugleich ironisch und undurchschaubar ist, zu komplex, um vollständig verstanden zu werden, und absurd genug, um nicht ernst genommen zu werden, verzaubern die Pudelist*innen sich selbst und ihr Publikum. Diese Technik hat einen doppelten Effekt, da sie nur auf einen Teil des Publikums wirkt, nämlich auf denjenigen, der die Botschaft versteht oder verstehen will; Personen, die die Situation ernst nehmen, werden

[→152] Barthes, *L'Obvie et l'obtus: essais critiques III*.
[→153] Prizkau, „Pudel Art Basel: Klamauk auf hohem Niveau.“
[→154] Heinich, *Ce que l'art fait à la sociologie*, 51.

ausgeschlossen, da sie nicht verstehen und automatisch ihren Status als relevante Gesprächspartner*innen verlieren. Diese Technik kann während der Pudel Art Basel beobachtet werden oder aber bei Viktors und Sebastians Performance in Kapitel 4, bei Ralfs „ethnomethodischer Akrobatik" oder bei Jonathan Meese, der das kundige Publikum verzaubert, während er diejenigen, die nicht verstehen, disqualifiziert.

Ironie muss hier in ihren zwischenmenschlichen Auswirkungen verstanden werden. Es gilt hier, ihre Wirkung auf die Adressat*innen zu betrachten, als Beziehungs- oder Verzauberungstechnik. Unsere Hypothese ist, dass die ironische Beziehung als Dreh- und Angelpunkt der Wahrheit oder Authentizität der Handlung in der Äußerungssituation eingerichtet wird.[→155] Ironie bringt drei Akteur*innen zusammen: Sprecher*in (spricht die ironische Botschaft aus), Adressat*in (hört die Botschaft) und Ziel (an das die ironische Botschaft gerichtet ist). Die Konfiguration der drei Akteur*innen bestimmt die Hauptkategorien der Ironie: In der klassischsten sind die drei Akteur*innen getrennt, das Ziel ist das Objekt des Sarkasmus von Sprecher*innen gegenüber den komplizenhaften Empfänger*innen. Akteur*innen können auch verwechselt werden; wenn Adressat*in und Ziel identisch sind, wird die Ironie aggressiv. Wenn das Ziel der Ironie der/die/* Sprecher*in ist, handelt es sich um Selbstironie. Allerdings fokussieren Pudel-Vertreter*innen die Ironie nicht auf eine bestimmte Person. Wir befinden uns auch nicht im Modus der Selbstironie, denn das Verhältnis zur Öffentlichkeit ist viel einnehmender, wie die Pressereaktionen auf dieses Ereignis zeigen. Der Interaktionskontext ist hier das Ziel. Dies ist eine Art von zirkulärer Ironie, die das enunziative Paradoxon verwendet: „seine eigene Äußerung abstreiten, während man sie gleichzeitig vollendet"[→156].

Hier sehen wir eine weitere Triebfeder, die uns hilft, den Erfolg dieses besonderen generativen Dispositivs zu erklären. Auf einer pragmatischen Ebene macht diese Art der ironischen Beziehung Empfänger*innen zu Kompliz*innen.

> *„Darin liegt seine Kraft: Er verpflichtet den Empfänger zur Mitarbeit, indem er ihn zum Komplizen des Sprechers macht. Ironie als solche zu erkennen und ihre Bedeutung zu erfassen, setzt nämlich eine komplexe Schlussfolgerung seitens des Empfängers voraus, die über die Interpretation des alleinigen semantischen Inhalts der Aussage hinausgeht und die Berücksichtigung des singulären Äußerungskontextes erfordert."*

[→155] Bonhomme, *Le miroir et le crâne*, 519.
[→156] Alain Berrendonner, *Éléments de pragmatique linguistique, Propositions* (Paris: Editions de Minuit, 1981), 261, zitiert nach Bonhomme, Le miroir et le crâne, 519.

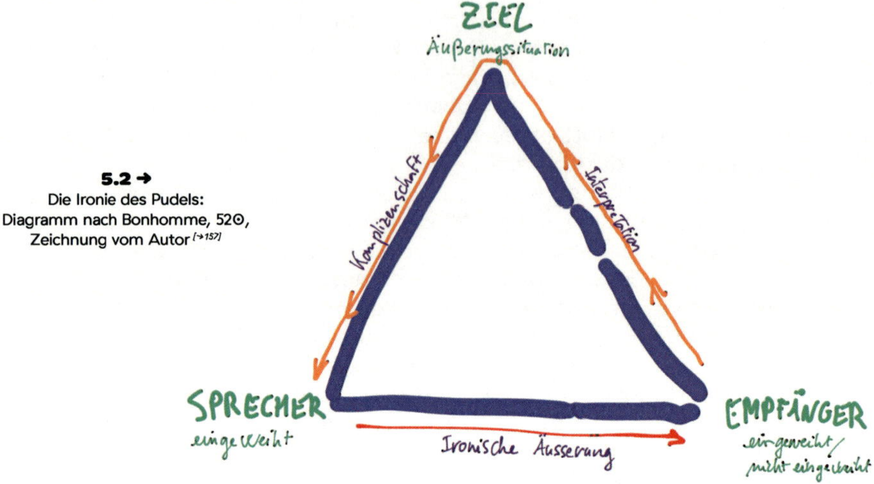

5.2 →
Die Ironie des Pudels:
Diagramm nach Bonhomme, 520,
Zeichnung vom Autor [→157]

Bei der Pudel Art Basel wird der Äußerungskontext durch den ambivalenten Status des Pudel Clubs berücksichtigt: einer nicht-kommerziellen und unkonventionellen Einrichtung, die eine Kunstauktion organisiert und ein Ereignis, dessen Konnotationen genau das Gegenteil der mit dem Club assoziierten Werte sind. Um die ironische Aussage der „Insider"-Pudel-Club-Sprecher*innen richtig zu verstehen, müssen Empfänger*innen notwendigerweise die Äußerungssituation interpretieren. Empfänger*innen werden durch den erheblichen Aufwand, den die Interpretation der Aussage erfordert, zu Kompliz*innen.[→158] Im Fall von Jonathan Meese liegt die Wirksamkeit der Performances des provokanten Künstlers in der lebendigen Paradoxie der Verwendung von Symbolen und Rhetorik, die mit faschistischen Ideologien assoziiert werden. Und zwar durch einen unabhängigen Künstler mit einem schelmischen Sinn für Humor, der außerdem noch eng mit der subkulturellen Welt des Untergrunds verbunden ist.[→159]

Durch Komplizenschaft der Empfänger*innen können Sprecher*innen ihre Position legitimieren und ihre Handlung weiterverfolgen. Die Beherrschung dieser „mächtigen" Beziehungstechnik, die Empfänger*innen einbindet, ermöglicht es Agenzien, involvierende Botschaften zu generieren. Durch das von den Akteur*innen integrierte Dispositiv können sie in Hülle und Fülle Diskurse und Symbole generieren: Die „zu vollbringenden Werke", die durch bei der Clubentwicklung entstehende Konfigurationen von Agenzien

[→157] Schaubild nach Bonhomme, *Le miroir et le crâne,* 520.
[→158] Bonhomme, *Le miroir et le crâne,* 520.
[→159] Le Calvé, „Ethnographie dans l'espace de la ‚Dictature de l'Art' de Jonathan Meese".

hervorgebracht werden, werden zum Zeitpunkt ihrer Einführung entdeckt, erfunden und konkretisiert.

5.3.2 Authentisches und spontanes Handeln

Genau wie in der von Julien Bonhomme beobachteten Bwete-Initiationsgruppe verewigen Pudel-Club-Mitglieder nicht spezielle Symbole, sondern eine bestimmte Art und Weise, die symbolischen Elemente zu etablieren. Sie verleihen den Assemblagen durch die kontextuellen Effekte einen Authentizitätsstatus; in einem Prozess, der dem des Wahrsagers ähnelt, um seinem Wort einen Wahrheitsgehalt zu verleihen. Ironie wird zum Dreh- und Angelpunkt zwischen Lüge und Wahrheit, zwischen Konstruiertem und Authentischem. Es geht nicht darum, das Paradox durch dialektische Akrobatik zu überwinden, sondern es gilt zu berücksichtigen, dass Aussagen sowohl konstruiert als auch authentisch werden, dass sie umso authentischer sind, je mehr sie konstruiert sind.[→160]

Der Begriff „authentisch“, der in den mit Mitgliedern der Clique und Nutzer*innen des Ortes geführten Interviews fast systematisch zur Beschreibung des Pudels auftauchte, wirft Fragen auf. In diesem Zusammenhang ist der Authentizitätsbegriff reich an den beiden Bedeutungen, die ihm Philosoph*innen zuschreiben (zumindest die, die im Wörterbuch von Lalande zu finden sind): erstens die des gesunden Menschenverstandes: Authentisch ist „im allgemeinen und vagen Sinne: legitim, ursprünglich, aufrichtig (...); manchmal auch im weitesten Sinne: wahr.“ Es ist ein „Eindruck des Respekts, der einen dazu veranlasst, den Inhalt ohne Widerrede zu akzeptieren.“ Im Pudel-Zusammenhang passt jedoch seine zweite Definition noch besser zu dem, was die Befragten ausdrücken: Das Authentische ist auch das, „was durch Autorität handelt oder handgemacht ist“. Diese Definition erlaubt es uns, den Begriff des „Spontanen“ aufzugreifen, bei dem Akteur*innen im authentischen Fall mit ihrer „eigenen Hand“ handeln können: „Das, was durch Eigeninitiative von Akteur*innen hervorgebracht wird, ohne das Ergebnis einer äußeren Ursache zu sein, die direkte Antwort auf eine aktuelle Anregung oder einen von außen kommenden Eindruck.“[→161] Spontaneität wäre demnach gut auf der Handlungsebene angesiedelt. Sie ist eine Stilmodalität, induziert durch eine spezifische Beziehungstechnik, die die Beherrschung des Kontexts der Ausdrucksweise und der Meta-Information, die sie unterstützt, beeinflusst.

[→160] Ich mache hier eine Analogie zur Konstruktion von Fakten, wie sie die Wissenschaftssoziologie erforscht, siehe Bruno Latour, „Der Pedologenfaden von Boa Vista: Eine photo-philosophische Montage“, in *Räume des Wissens: Repräsentation, Codierung, Spur*, hg. von Bettina Wahrig-Schmidt, Michael Hagner und Hans-Jörg Rheinberger (Berlin: Akademie Verlag, 1996), 213–264.

[→161] „Spontané“ in André Lalande, *Vocabulaire technique et critique de la philosophie* (Paris: Presses universitaires de France, 2010).

Wie bereits angedeutet wurde, ohne diese Hypothese begründen zu können, wären demnach Beziehungstechnik, rhetorische Technik und Verzauberungstechnik untrennbar miteinander verbunden.

Kehren wir zu Alfred Gells Definition zurück: Verzauberungstechniken sind „psychologische Waffen, die der Mensch einsetzt, um Kontrolle über die Gedanken und Handlungen anderer Menschen auszuüben."[→162] Wenn wir die der Definition zugrunde liegende machiavellistische Dimension beiseite lassen, können wir eine Teilantwort auf das gestellte Problem geben: Die situative Ironie als rhetorische Technik und existenzielle Haltung trägt durch die Kombination mit anderen materiellen Techniken und der Vermittlung von Objekten und anderen Entitäten zur Produktion allgegenwärtiger Werke bei. Intern bekommt der Stil eine neue Bedeutung, sowohl als Bedingung der Agentivität als auch als Faktor des Gruppenzusammenhalts.

5.4 Quatsch in der Praxis

5.4.1 Konstruktion einer ironischen „Pudel-Äußerung"

Wir haben den Kontext der Äußerung geklärt, also gewissermaßen ihre Voraussetzung. Wie steht es aber mit der Konstruktion der Äußerung selbst, die so wirkungsvoll verschiedene Werteregime und kontextuelles Bewusstsein miteinander vermischt? Können wir eine Praxis beschreiben, die den Stil des Agens Pudel verdeutlichen kann? Während wir bisher die Existenz eines eigenen Pudel-Stils diskutiert haben, ist es dennoch wichtig, sich daran zu erinnern, dass der Stil bei Handlungen immer die Handlung eines bestimmten Agens voraussetzt. Als ich versuchte, die Frage nach einem gemeinsamen Humor(Stil) des Pudels zu stellen (den ich unbeholfen als „Mutterwitz" ins Deutsche zu übersetzen versuchte), wurde ich oft auf den Humor einer bestimmten Person verwiesen: Rockos Humor, Ralfs oder Viktors Humor sind deutlich abgegrenzt, man könnte meinen, dass sich der Gesamtstil erst beim Lesen erschließt. Manchmal wird die Art des Humors mit der Stadt Hamburg verbunden, mit der besonderen Tradition eines nordischen Humors, die sich von dem anderer deutscher Städte unterscheidet.

[→162] Gell, „Technology and Magic", 8.

„Einige von ihnen machen eine Menge ‚Quatsch', besonders Viktor. Eines Tages kam er vom Einkaufen zurück mit dieser blauen Kekspackung mit der Aufschrift: ‚fast ein Meter Waffeln'. Er fand das wirklich lustig, die Packung ist immer noch dort ausgestellt."
(Sebastian, Auszug aus einer Unterhaltung, November 2011)

„Quatsch" ist ein sehr gebräuchliches umgangssprachliches Wort, Synonym für „Blödsinn". Es bezeichnet eine unbedeutende Handlungs- oder Redeweise, die per Definition unwichtig ist. „Quatsch" wird oft verwendet, um das treibende Prinzip des kollektiven Handelns des Pudels zu beschreiben. In einigen Diskursen steht „Quatsch" für eine Substanz, die mitgebracht oder geteilt werden kann.

Durch den Beitrag jede*s/r Einzelnen wird Stil ausgeübt. Authentizität und Spontaneität stellen sich als ein Freiraum dar, in dem Akteur*innen dazu angehalten werden, zu spielen, frei zu interagieren und in diesem Modus gemeinsam Äußerungen zu konstruieren. Besonders deutlich wird dieses Phänomen in Evas Beschreibung des Entstehungsprozesses kollektiver Arbeiten während eines Interviews im November 2011. Im folgenden Auszug werden die Pronomen „wir" oder „uns" verwendet, um eine*n kollektive*n Akteur*in zu beschreiben, der/die/* Ideen hervorbringt und sie durch den Ort konkretisiert, der selbst zu den Akteur*innen gehört, die diese Aktion möglich machen und an ihrer Realisierung teilnehmen. Als Beispiel für eine Umsetzung durch die Gruppe wird die Pudel Art Basel genannt.

„— Ich finde es echt toll, dass wir diese Freiheit haben, zu ‚quatschen'.

— Ist das so? Erzähl mal!

— Naja, an der Bar erzählen wir zum Beispiel viel ‚Quatsch' und wir malen ihn oder schreiben irgendwie über ihn, und dann wird das irgendwo aufgehängt. Bei solchen Sachen haben wir viel Freiheit, sie gemeinsam zu gestalten, visuell oder musikalisch, oder auch Wortspiele, da ist es auch sehr stark."

Insbesondere an der Bar werden diese kollektiven Kreationen entwickelt. Zu den Gruppenmitgliedern, die an diesem Abend Dienst haben, gesellen sich weitere Mitglieder, Stammgäst*innen. Die Bar ist der am weitesten von den Lautsprechern entfernte Ort, die Atmosphäre ist dem verbalen Austausch tendenziell eher förderlich. Eva spricht von der Freiheit, die sie in der Gruppe spürt, als ob das Pudel-„Wir“ Abend für Abend das Individuum zugunsten eines kreativen Kollektivs verschwinden lässt. Die Kreation erfolgt in zwei Stufen: Zuerst wird sie durch einen verbalen Prozess entwickelt, das Ergebnis dieses Prozesses wird dann in einem neuen Werk fixiert. Sehen wir uns einmal an, wie sie den verbalen Prozess beschreibt.

„— Und wir haben da auch absurde Nicht-Gespräche, die wirklich so ablaufen ... und wir lachen viel.

— Das kann ich mir vorstellen ... Was meinst du mit Nicht-Gesprächen?

— Es macht keinen Sinn, was wir sagen. Manchmal ist es einfach nur Schwachsinn. Daraus entwickelt sich immer etwas, manchmal schweben so viele Ideen im Raum, die nicht realisiert werden ... Aber andere schon.“

„Nicht-Gespräch“ bezieht sich auf einen Prozess, der nicht durch die üblichen Bedeutungskonventionen strukturiert ist. Ein Nicht-Gespräch ist ein Gespräch, das in der Regel nicht wert ist, als Gespräch betrachtet zu werden: Es „bringt nichts“, macht keinen Sinn. So oder so entstehen neue Gebilde, die durch die Beiträge anderer an Substanz gewinnen: Sie „schweben“ im Raum.

„Und das Schöne daran ist, dass der Raum da ist, um es dann echt zu verwirklichen. Dann sagen wir auch, wir werden so oder so eine Party organisieren. Eine von denen, die aus diesen dummen Gesprächen entstehen [Quatsch].“

Die schwebenden Ideen werden durch den Raum, den Pudel als Ort, den Support und die Aktanten des kreativen Prozesses „konkretisiert“. Die „Party“ wird so als kollektives Werk heraufbeschworen, ebenso wie die gestalterischen oder musikalischen Kreationen.

„Und es ist auch schön, dass wir nicht immer darauf achten müssen, dass die Person, die auflegt [der/die/ DJ*] viel Geld einbringt, wir an einem Wochenende jemanden auflegen lassen können, von dem wir wissen, dass er die Leute gerne rausspielt. Es wird aber angenommen, dass dies aufgrund der musikalischen Qualitäten geschieht.“*

Die Freiheit der Gruppenmitglieder, neue Ideen einzubringen, wird nicht direkt durch die Angst eingeschränkt, der Öffentlichkeit nicht zu gefallen, zumindest „nicht immer“. Die Konkretisierung dieser Ideen scheint umso leichter, als diese potenziellen Werke, diese möglichen Partys manchmal trotz ihrer (Nicht-)Rentabilität realisiert werden.

„— Erzähl mir doch noch mal von dieser Konkretisierung des ‚Quatschs‘? Könntest du bitte ein Beispiel dafür nennen?

— Pudel Art Basel ist so ein Bespiel: Da hat jemand angefangen, sich zu viele Gedanken zu machen, und hat gesagt, wir müssen etwas gegen die Gentrifizierung unternehmen und schauen, inwieweit wir auch ein Teil davon sind. Dann haben wir gesagt, es wird keine Art Basel, sondern eine Pudel Art Basel; und das wurde dann auch tatsächlich umgesetzt.“

Demnach wäre die Idee zur Pudel Art Basel aus den Sorgen eines Gruppenmitglieds entstanden, das diesen sehr vagen Gedanken in die Gruppe trägt. Dieser „jemand“, der die Veranstaltungsproduktion mit Titel und Konzept übernimmt, bezieht sich auf eine andere Person in der Gruppe, die wahrscheinlich weder Eva ist noch die Person, die die ursprüngliche Idee hatte. Doch es ist schwer zu erkennen, wer hier handelt: Der Begriff „ich“ scheint in dem Fall wenig Bedeutung zu haben, der Pudel denkt und handelt als Gruppe. Die Werke schweben in der Atmosphäre des Ortes, der sie trägt und von ihnen getragen wird.

Die Beschaffenheit der bildlichen, verbalen oder musikalischen Pudel-Kollektivaussagen oder die Ereignisse (Partys) führen dazu, dass das „Mischen“ oder Sampling von Ideen in einem kollektiven Blubbern, der Praxis von Sprachspielen, stattfindet. Die Konkretisierung dieser Ideen ermöglicht in einem zweiten Schritt die Implementierung der Agenzien, die immer viel mehr mitbringen als die ursprüngliche Idee. Das zu vollbringende Werk wird so skizziert und in einem kollektiven Prozess konkretisiert. Der von mehreren Personen praktizierte Stil ermöglicht die Entstehung des kollektiven Agens Pudel, der nicht nur über mehrere Informationen, sondern auch über verschiedene Techniken und mehrere Situationen und Standpunkte verfügt, die in einem unstrukturierten Prozess zusammengefügt werden (die einen „Nicht-Diskurs“ bilden), wodurch ihre Komplexität und Undurchsichtigkeit verstärkt wird.

5.3 →
Golden Pudel Club Wappen — Alex Solman mit Bearbeitung des Authors.

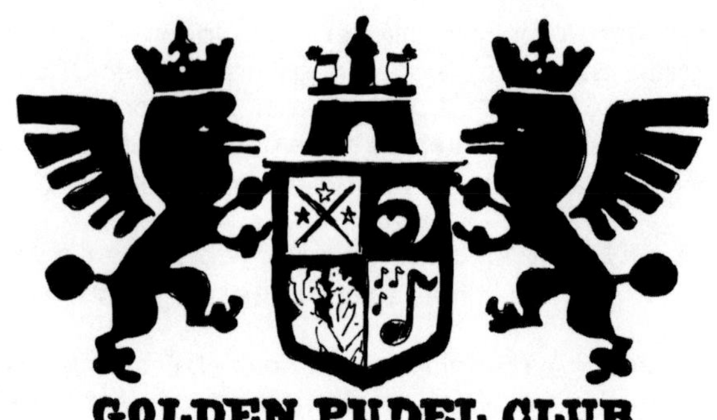

5.4.2
Beugung ritueller Identität und Vermittlungseffekte

Die rhetorische Technik der Ironie reicht jedoch nicht aus, damit ein Bwete-Wahrsager oder ein Pudel-Agens eine Botschaft äußern kann, die die Ambivalenz von Lüge/Wahrheit konstruiert/authentisch in sich trägt. J. Bonhomme spricht von rituellen Vermittlungen, die diese Äußerung unterstützen und die es dem Wahrsager erlauben, seinem eigenen Wort Glaubwürdigkeit zu verleihen — und zwar auf die oben beschriebene subtile Art und Weise. Vermittlungen sind Entitäten, mit denen sich Sprechende identifizieren bzw. denen sie ihre eigenen Worte zuschreiben: Im Bwete-Ritual spricht beispielsweise eine vom Wahrsager verschluckte Fischbrut durch ihn. Nach J. Bonhomme ermöglicht die rituelle Identitätsbeugung es dem Wahrsager, Äußerungen im spezifischen Kontext hervorzubringen. Können wir beim Golden Pudel von einer rituellen Identitätsbeugung sprechen? Bekanntlich beeinflusst der Konsum von Narkotika, insbesondere der von Alkohol, wesentlich unser Sprechen: Der Ausdruck „unter Alkoholeinfluss" veranschaulicht diese Entität, die Macht über den Willen des Individuums übernimmt. Insbesondere die Pudel-Entität zählt als Mittlerin: als Ort, Atmosphäre, Gruppe, kollektives Agens, das selbst eine gebeugte und verbreitete Identität darstellt, die nicht nur den Rahmen bildet, sondern auch zum Verkünder wird, der die Gruppenmitglieder beherrscht. Ein Verkünder, der wie die unschuldige Fischbrut nicht im Verdacht steht, im eigenen Interesse zu handeln, wenn es nur um die Atmosphäre und das angenehme Gemeinschaftserlebnis seines Golden Pudels geht, einer harmlosen und vertrauten tierischen Begleitung.

In der Einleitung wurde die Pudel-Atmosphäre mit der von Mathieu Claveyrolas bei einer Andacht in einem indischen Tempel beobachteten Atmosphäre verglichen.[→163] Die Verehrung der Hindu-Gottheit durch Gläubige mit der Bewunderung des Golden Pudels durch Community-Mitglieder ausführlicher zu vergleichen, würde eine umfangreiche Vertiefung und ganz neue Begrifflichkeiten erfordern. Interessant ist jedoch, dass die Atmosphäre in diesen Beziehungen eine ähnliche Rolle spielt und dass seltsam ähnliche Wirkungen auf die Dispositionen bestimmter Mitglieder dieser Kollektive erzielt werden, die sich in ihrer Sprache messen lassen. Es ist offensichtlich, dass im modernen Kontext, in dem jede Verehrung lächerlich gemacht wird[→164], eine ironische Loslösung, die das Pudel-System bietet, seinen Mitgliedern erlaubt, sich auf seine Anwesenheit zu berufen, explizit von der Rolle dieses nicht-menschlichen Wesens in ihrem Leben zu sprechen und sich sogar auf seine Persönlichkeit oder seinen Großmut zu beziehen. Darunter sind vor allem diejenigen, die ihm durch das Schreiben von Newslettern eine Stimme verleihen, die ihm eine Kontur geben, die ihn darstellen. Zum Abschluss des Stil-Kapitels soll der Künstler Alex Solman vorgestellt werden: Seine Illustrationen zieren dieses Buch und verbreiten das Clubimage auf den Wänden der Stadt.

5.5 Alex Solman: Ein begnadeter Illustrator

Alex Solman hat sich zum Pudel-Hausillustrator entwickelt. Er begann mit der Gestaltung eines Flyers für die Sonntagabend-Veranstaltung, die von Ralf organisiert wurde, und erstellt nun seit fast zwanzig Jahren wöchentlich ein oder zwei Poster für den Club. Als ich Alex im Oktober 2012 in einem kleinen Burrito-Laden einige hundert Meter vom Pudel entfernt treffe, bitte ich ihn, einige Bilder mitzubringen, um dieses Buch zu illustrieren. Er klickt für mich auf seinem Computerbildschirm durch sein Archiv. Mir fallen zwei Dinge auf: Einmal nimmt das Produktionsvolumen von Beginn an stetig zu. Beim schnellen Durchblättern der Bilder wird außerdem eine regelrechte Metamorphose erkennbar. Sein Stil hat mehrere

[→163] Mathieu Claveyrolas. *Quand le temple prend vie: atmosphère et dévotion à Bénarès* (Paris: Éditions du CNRS, 2003).

[→164] Siehe die besonders eindringlichen Argumente, die Bruno Latour dekliniert, um den konstruierten und doch wesentlichen Charakter der Authentizität heiliger Figuren zu beleuchten, wobei er als Beispiel den fiktionalisierten Fall eines „modernisierten" Brahman anführt, der versucht, die heiligen Steine des Familientempels zu entweihen: *Latour, Pandora's Hope: Essays on the Reality of Science Studies*. 268–276.

DIE RATTEN VERLASSEN
DAS SINKENDE SCHIFF
MS MFOC
GOLDEN PUDEL KLUB

IM MÄRZ KOMMT DIE MFOC
ZAHNFEE

MF

ANTHONY SHAKE SHAKIR
6.12.09
DETROIT
USA
GOLDEN
PUDEL
CLUB
HH
BEI
MFOC

27.12. RAF x SUPERDEFEKT · MFOC · PUDEL

04.12 · BABE RAINBOW & ARAAB MUZIK · MFOC · PUDEL

13.-15. MAI · GOLDEN PUDEL · MFOC
DEMDIKE STARE

HALLO 2011...
DIE WELT IST EINE PUDEL
DEIN MFOC

.6. Mfoc Digital praise the Pixelord

WUFF
WUFF
WUFF
BARKER + BECKETT
MINI LEASURE SYSTEM PARTY 13.5. MFOC PUDEL

LEUTE,
I'M YOUR FATHER
0605 LAZER SWORD MFOC PUDEL

12.08. MICACHU & PEARSON SOUND · MFOC · PUDEL CLUB

WEIRDNAM
06.12. NIKAE / PHUONG-DAN / FELIX KUBIN

2701 MARK FELL · THOMAS B. · MFOC · PUDEL

07.06 Move D · MFOC · PUDEL

2405 ACTRESS [WERK DISCS] · MFOC PUDEL

DJ STINGRAY
HELENA HAUFF
CINDY COOPER · HELGE MISOF
28.2. ROTE FLORA · 20 UHR

Phasen durchlaufen, wie die Vielfalt der in den ersten Jahren im Club verwendeten Techniken zeigt. **(→ 5.4)** „So was werde ich nie wieder machen“, sagt er und zeigt mir extrem aufwendige und sorgfältige Zeichnungen. „Ich habe Stunden damit verbracht.“ Die grotesken, ja obszönen, politisch engagierten, von Satirezeitschriften und Kinderbüchern inspirierten Zeichnungen in unterschiedlichen Techniken und Stilen weichen allmählich einem eigenen minimalistisch-figurativen Stil, der manchmal ins Abstrakte abgleitet. Und vor allem entstehen seine Zeichnungen immer schneller, wie er mir gegenüber betont. Sie werden erst auf Papier gezeichnet, dann digitalisiert, damit sie am Computer fertiggestellt werden können, bevor sie zur Abstimmung und Verteilung versendet werden. Da Plakate in der Regel aus Kostengründen in Schwarzweiß gedruckt werden, komponiert Alex die Bilder in diesen beiden Farbtönen und erreicht so einen unverwechselbaren, klaren und effektiven Stil. Heute sind die meisten seiner Arbeiten eine Mischung aus Porträts und Abstraktion. Er erklärt mir, während er die letzten Illustrationen durchgeht: „Was ich heute für den Pudel mache, diesen Bleistiftstrich, den ich erreicht habe, ist das, wovon ich immer geträumt habe: einfach und klar, ich benötige nur einige Striche.“ Wie er seine Erfahrung als Zeichner schildert, stimmt mit dem Ruf überein, den er bei seinen Kolleg*-innen genießt. Eva ist, wie viele andere auch, von seinem Talent fasziniert: „Es ist verrückt, an ein paar Strichen erkennst du die Person sofort (...) und du weißt sofort, dass sie von ihm ist.“ Zum Zeitpunkt des Interviews im Jahr 2012 wird Alex für diese Arbeit nicht oder nur ab und zu bezahlt. Für ihn ist der Club vor allem ein Ort zum Leben. Zum Zeitpunkt des Interviews ist er in einer Beziehung mit einer Resident-DJane, die auch an der Bar arbeitet. Obwohl er selbst nicht an der Bar arbeitet, ist er oft hinter dem Tresen anzutreffen, liest Zeitung oder hilft dem Personal aus. „Wir streiten uns auch manchmal. Es ist wirklich wie in einer Familie: Manche Leute möchte man nicht täglich sehen.“ Dank der Anerkennung seiner Arbeit für den Pudel bekommt er immer mehr — auch bezahlte — Illustrationsaufträge: Plattencover, Veranstaltungsplakate ... Durch seine Verbindung mit dem Team ist er seit 2013 auch Resident-DJ. „Natürlich ist es nicht genug Geld. Für viele wäre diese Art von Leben nichts. Aber durch all das wächst man, man entwickelt sich. Es ist ein Katalysator.“ Alex sagt, er lebe recht sparsam, er habe eine Erdgeschosswohnung mit sehr niedriger Miete, „ein ehemaliger Fischladen“, mit kleinem Garten und Keller, in dem er seiner anderen Leidenschaft frönt: dem Reparieren und Sammeln von Mountainbikes.

← 5.4
Auswahl von Plakaten von Alex Solman von 2004 bis 2016.

Laut Alex nimmt der Golden Pudel „Menschen auf, mit denen etwas nicht stimmt“, und legt etwas in ihnen frei, das vorher verborgen war, sodass sie an ihrer und durch ihre kollektive Handlung teilnehmen: „Sie sind dann befreit [‚freigeklopft‘] und wollen Teil dieses Ganzen sein. Der Pudel hat mich ‚gerettet‘“, sagt er, „mit dem Pudel kann nichts schiefgehen.“ Als er 2004 anfing, war er an einem Tiefpunkt angelangt und litt an einer schweren Depression. Norbert, der erste Clubmanager, hatte Krebs und lag im Sterben. Damals hat sich viel verändert, „viele Leute sind gegangen“ und Ralfs Team hat dann eine zentrale Rolle bei der Organisation eingenommen. Als Alex anfing, Plakate für den Club zu machen, hatte er so gut wie keine Erfahrung in der Werbung. Heute ist er der Meinung, dass seine Eltern schuld daran waren, dass ihm der Schritt zum Illustrator so schwerfiel ... „Also Künstler zu sein“, fügt er hinzu, um seine Aussage zu verdeutlichen. Die Umstände seines Karrierestarts im Pudel ließen ihm keine Zeit, sich selbst zu bemitleiden: Es ging darum, etwas zu tun, seinen Teil beizutragen, nicht darum, besonders kompetent zu sein: „Du musst es tun, weil es getan werden muss“, wurde ihm damals gesagt. „Meine Situation war ein echtes Chaos, aber ich habe diese Verantwortung übernommen. Und dadurch bin ich reifer geworden, gewachsen.“

Fazit: Pudelatmosphäre

Haben wir den Pudel jetzt komplett entschlüsselt? Unmöglich, werden Sie sagen, und Sie haben verstanden: Der Golden Pudel Club ist ein zu schnelles Ziel für Forscher*innen, die sein Erfolgsrezept verstehen möchten. Beim Versuch, die Bewegung, durch die sich der Pudel immer wieder erneuert, genau zu verstehen, hoffen wir, durch diese Arbeit dennoch die Hauptquellen entschlüsselt zu haben, die den Pudel heute in seiner Glückseligkeit, in seiner liebenswerten und mitreißenden Existenz nähren.

Wir haben herausgefunden, dass die Club-Atmosphäre sowohl der fruchtbare Boden als auch der liebevoll gepflegte Ursprung dieser Kollektiverfahrung ist. Der Ort wird von einer Gruppe beherrscht, die für die Aufrechterhaltung einer ganz besonderen Form des Zusammenlebens sorgt. Die Gruppe wird vom Ort beherrscht, der ihr einen Grund gibt, zusammen zu sein, während er von ihr einen kontinuierlichen Zustrom neuer Werke und Agenzien verlangt, der notwendig ist, um ihn am Leben zu erhalten.

Diese Erlebnisgestaltung erhält jedoch nicht nur den Club, „immer anders, aber immer gleich": Wir haben festgestellt, dass sich der Golden Pudel im Laufe der Jahre zu einer florierenden Institution etabliert hat, ein immer komplexeres Arrangement vieler Akteur*innen, die an seiner Entwicklung beteiligt sind. Während die Handlung eine Überraschung nach der anderen birgt, finden sich die an der Organisation beteiligten Personen durch die Transformation ihrer Existenzkonstellationen verändert.

Wir analysierten diese Konfiguration nach einem Modell, das durch die Feldforschung entwickelt wurde: Das Prisma wurde so lange überarbeitet, bis es die beobachtete Realität erhellen konnte, bis wir keinen Widerspruch mehr zwischen Theorie und unseren Daten fanden. Wir sind uns jedoch der Willkür der verwendeten Kategorien bewusst: Realität ist kompliziert, und das Werkzeug erlaubt uns allenfalls, diese Komplexität zu überblicken, ohne uns zu sehr zu verirren, um einige Lehren von der Reise mitzunehmen. Im folgenden Diagramm stellen wir die drei Hauptkategorien vor, die wir ausgewählt haben, um die Metamorphose der Existenz der Pudel-Agenzien zu verstehen und zu erklären: Netzwerk, Reputation und Stil.

← 6.1
Pudelatmosphäre.
Illustration von Alex Solman, 2024.

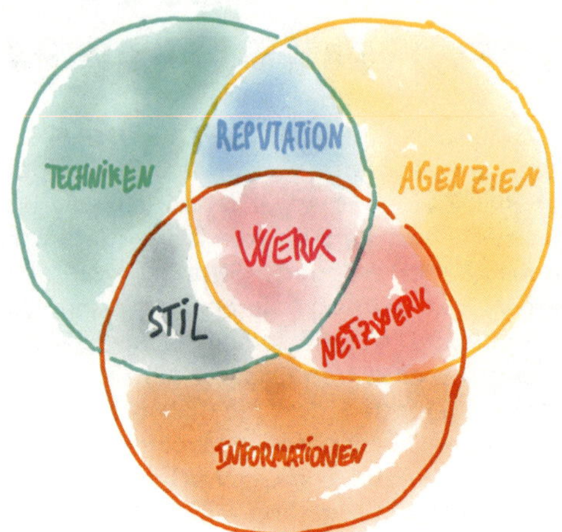

6.2 →
Diagramm: Netzwerk, Reputation und Stil als Grundlagen des bestehenden Werks, Zeichnung vom Autor, 2024.

Netzwerk, Reputation und Stil werden hier als wechselnde Attribute des Agens verstanden, die ihm in der Situation bestimmte Eigenschaften verleihen:

→ Netzwerk ist die Fähigkeit des Agens, dank relevanter Informationen einen anderen Agens dazu zu bewegen, ein Werk umzusetzen.
→ Reputation ist ein Attribut, das symmetrisch zum Netzwerk ist: Fähigkeit des Agens, von anderen präsent gemacht zu werden und durch die Relevanz seiner Vermittlungstechniken umgesetzt zu werden.
→ Stil ist das, was die Errichtung des Agens charakterisiert: Fähigkeit des Agens, durch Ausdruck seiner Vermittlungstechniken und Wahl seiner Materialien (andere Werke oder Informationen) Werke zu schaffen.

Die Vermehrung dieser drei Eigenschaften wird erst durch die Konkretisierung der Werke, durch das Handeln des Agens ermöglicht und ruft gleichzeitig eine Erweiterung des Reservoirs seiner „zu vollbringenden Werke" hervor, der ihm noch möglichen Handlungen, um an Existenz zu gewinnen.

Abende organisieren, Alben aufnehmen, Labels mit internationalem Ruf gründen, an den Pudel-Wänden oder in den Ateliers der Hamburger Kunsthochschule malen, im Pudel und dann im Centre

Pompidou ausstellen, Lieder schreiben, Sketche, dann Theaterstücke, die Inszenierung einer Oper; die von den Mitgliedern des Communityortes Pudel bereits konkretisierten „zu vollbringenden Werke" geben ihm ein solides Fundament. Das Pudel-Netzwerk hinterlässt Spuren in Form von Aufzeichnungen. Seine Reputation zieht immer wieder neue Gelegenheiten an. Sein Stil wird allabendlich umgesetzt, die Verzauberung, die er hervorruft, und die Fülle, die er zulässt, erfordern eine ständige Arbeit, um zu verhindern, dass er schwächer wird.

In seinem Aufsatz Du mode de l'existence de l'œuvre à faire (Über den Modus der Existenz des zu vollbringenden Werks) vertritt Étienne Souriau die Ansicht, dass das Agens nie mehr als der Entwurf eines „vollendeten Wesens" ist. Es ist ein „zu verwirklichendes Wesen und dessen Verwirklichung ist seine Verantwortung", es ist selbst ein „zu vollbringendes Werk".[→165]

Das „zu vollbringende Werk" ist ein erstaunliches und riskantes Konzept: Isabelle Stengers und Bruno Latour warnen uns in ihrem Vorwort vor dem Interpretationsfehler, der uns dazu verleiten würde, das „zu vollbringende Werk" mit dem „Projekt" zu verwechseln. Für Souriau gibt es keine Idee, die der Form vorausgeht, kein Zusammentreffen des endgültigen Werks mit dem Plan. Es ist die Vollendung, die das Werk ausmacht, „das Bild und sein Modell entstehen gemeinsam".[→166] Nach Souriau besteht das „zu vollbringende Werk" auch in dem Moment weiter, in dem es im Begriff ist, ein „konkretes Werk" zu werden. Tatsächlich unterscheidet er zwischen zwei Existenzweisen desselben Werks: dem konkreten und dem zu vollbringenden Werk. Das konkrete Werk ist nie wirklich fertig, es ist erst dann geschaffen, wenn es dem zu vollbringenden Werk nahe genug kommt, um „etabliert" zu sein.

Es gibt jedoch Hindernisse, die der Vollendung des Werks im Wege stehen. Souriau zählt drei Hauptgründe auf: das Dilemma, die Qualität des Werkes zu beurteilen, die Schwierigkeit, das „erträumte" Werk loszulassen, und die Angst, das Werk durch eine letzte Geste zu verfehlen — ein fataler Fehler, wenn es schon fast zufriedenstellend war.[→167] Nun vereitelt der Pudel aber, mit und für seine Agenzien, diese drei Gefahren, die den Übergang zum Handeln gefährden. Zunächst einmal ist die wichtigste Produktion des Pudels die des Ereignisses, des „Abends", eine Arbeitsweise, die das Agens zwingt, das vor ihm in unmittelbarer Entfernung entstehende Werk zu sehen und es die kleinen Feinheiten und große Umstürze zu lehren, die ein erfolgreiches Werk ausmachen. Das Lernen, das in allen Bereichen der Kunst nützlich ist, erfordert Aufmerksamkeit und Präsenz, die durch die Ermutigung von Gleich-

[→165] Étienne Souriau, *Die verschiedenen Modi der Existenz* (Meson Press, 2015), 196.
[→166] Souriau, *Die verschiedenen Modi der Existenz*, 7.
[→167] Souriau, *Die verschiedenen Modi der Existenz*, 207–212.

gesinnten ebenso gefördert wird wie durch die Vorbildfunktion der Meister*innen. Zweitens beziehen die Agenzien eine Möglichkeit des Scheiterns in die Erfolgskriterien mit ein: Das „pudeltypische" Werk muss nicht perfekt sein, um erfolgreich zu sein, es sollte sogar unvollkommen sein, um gelungen zu sein. Der Entwurf wird als privilegierte Form aufgewertet, durch die Punk-Ästhetik der „Bricolage", aber auch und vor allem durch die zutiefst ironische Haltung, in die die kreative Geste eingebettet ist. Schließlich haben Solidarität der Mitglieder und ihre fast systematische gegenseitige Anerkennung Vorrang bei der Bewertung der Arbeiten, bei der Bemessung des Erfolgs selbst. Dank der Souveränität, die sich die Institution angeeignet hat, zögern die Agenzien nicht mehr, einen oberflächlichen Erfolg zu opfern, wenn dieser die Kollektiverfahrung gefährdet. Wie Maler*innen, die das Risiko eingehen, ein Stück zu verlieren, um das Ganze zu harmonisieren, wagen es DJ*s in Spitzenzeiten, den „Club zu leeren", um ein allzu unempfängliches oder reaktionäres Publikum zu verjagen, ihrem Bauchgefühl zu vertrauen. Der Ertrag dieser Arbeit ist eine fruchtbare Atmosphäre, erfolgreiche Abende, bei denen, so Viktor, „die Gäste mehr als nur ihr Geld mitbringen". Das Feuer der spontanen Handlung wird (fast) immer entfacht: Im Pudel „the crowd is up for everything", sagt Sebastian.

Wenn die Atmosphäre das zentrale Anliegen der Mitglieder und Nutzer*innen des Ortes ist, dann deshalb, weil sie das Medium ist, durch das ihr individuelles und kollektives Handeln ermöglicht wird. Wir wollen noch eine weitere ökologische Perspektive erwähnen: Gernot Böhme hat die Bedeutung der Atmosphäre als Handlungsmedium hervorgehoben, indem er die den Einfluss des Objekts betont hat.[→168] Wir entwickeln uns nicht in einem Vakuum: Wir entwickeln uns in einer Atmosphäre, die nicht nur unser Handeln — unsere Flugzeuge, unsere Worte und vieles andere — trägt, sondern wir selbst sind als atmende Organismen Teil davon.

Das Bild mag ein wenig verworren sein, aber wir nähern uns dem Ästhetischen, also warum nicht: Die ästhetischen Arbeiter*innen des Pudels werden selbst von der Atmosphäre getragen und sind eins mit ihr. Sie trägt etwas von ihrer Agentivität in sich, die man ihnen gewöhnlich zuschreibt, und verleiht ihnen bestimmte besondere Dispositionen, die gleichermaßen zu ihnen gehören wie zu ihr. Wenn „Ideen in der Luft schweben", entscheidet die leichte Brise des Ortes, welche Form sie annehmen oder ob sie sich auflösen.

Der Pudel ist ein Werk. Das Besondere an diesem Werk ist, dass es eine Erfahrung ist, die zu seiner Entstehung führt. Ein Ort, an dem sich das Unfertige nicht scheut, sich zu zeigen, zu erscheinen und sich

[→168] Gernot Böhme, *Atmosphäre: Essays zur neuen Ästhetik* (Frankfurt am Main: Suhrkamp, 1995), 31–34.

zu verwandeln. Wie eine gut gefüllte Pumpe saugt der Pudel die „zu vollbringenden Werke" unermüdlich an und treibt sie ihrer konkreten Vollendung entgegen. Wie ein Weber webt er die Wege der Agenzien und lässt sie zu Werken heranwachsen. Wie ein magischer Spiegel lässt er die Wesen sowohl das sehen, was sie sind, als auch das, was sie sein könnten, und lässt sie den Ruf ihrer Vollendung hören.

„Ich meine diesen Ruf, der sich so inständig an jeden Einzelnen von uns richtet, sobald er sich am Schnittpunkt zweier Modi der Existenz spürt, sobald er, indem er sie auslebt — und das eben ist sein Leben —, diese Oszillation, dieses instabile Gleichgewicht, dieses empfindbare Zittern von jeder Wirklichkeit fühlt, eine Oszillation zwischen den Kräften, die diese Wirklichkeit diesseitig stützen, und einem Durchscheinen von Erhabenheit, das sich jenseitig abzeichnet." (Souriau, 2015: 214)

Für Patex : Pu

mit SCHOOL of Zuversicht
Maxime le Calvé 16.07.2023

Nachwort: Eine Anthropologie atmosphärischen Designs

← 7.1
Pudel Open Air für Patex, Zeichnung vor Ort vom Autor, digital, 16.07.2023.

Zurück auf dem Feld

An diesem Tag steht im Pudel eine bittersüße Feier auf dem Programm. Patricia Wedler alias DJ Patex ist vor einigen Wochen verstorben und ihre Band spielt unten auf der Terrasse ein Gedenkkonzert für sie. DJ Patex war eine meiner wichtigsten Begegnungen bei dieser Feldforschung — und eine der interessiertesten meiner ethnografischen Untersuchung gegenüber. Das lag teilweise daran, dass sie selbst Akademikerin war, neben ihren vielen anderen Aktivitäten. Zum Teil aber auch, weil sie einfach warmherzig und immer neugierig gewesen ist. Als ich nach einer längeren Pause wieder Kontakt zu ihr aufnahm, erzählte mir Viktor, dass sie seit mehreren Jahren an einer unheilbaren Nervenkrankheit litt. Die Krankheit fesselte sie zunächst an einen Rollstuhl — sie trat so lange wie möglich mit ihrer Band auf, zunächst mit Sauerstoffmaske, später mit einer Ersatzperson. Schließlich war es nicht mehr möglich. Ihre Freund*innen aus dem Pudel hatten eine Unterkunft für sie gefunden, aber die Krankheit schritt schnell voran, bis sie ihr tragisches Ende fand. Einige Monate vor ihrem Abschied verlieh ihr die Pudel-Stiftung den „Unbestechlichkeitspreis", der mit einem kleinen Geldbetrag dotiert war. Sie war die Erste, die ihn erhielt. Ihr charismatischer Ex-Partner Knarf Rellöm steht an diesem Tag als Zeremonienmeister am Mikrofon. Zwischen den Liedern erzählt er lustige Anekdoten, die ihre Art, zusammen Musik zu machen, und ihre gemeinsame Zeit vor dem Pudel in Zürich, der „little big city", widerspiegeln. Sie hatten diesen Slogan auf einem Werbeschild gelesen und kamen sofort zu dem Schluss: „super Refrain". Sie bedienten sich oft jener Art von Collage und Ready-made, um ihre Popsongs zu schreiben, gewissermaßen ironische Reflexionen über das Phänomen Stadt. Es folgen weitere Geschichten zwischen den Liedern, um die Texte zu erklären. Die Band von DJ Patex, School Of Zuversicht, kommt ein letztes Mal zusammen — ein berührender Moment. Neuerdings ist der Tod zu einem Thema für die Mitglieder des Pudelkollektivs geworden, erzählt mir Alex Solman, der selbst regelmäßig „RIP (Rest in Peace)"-Hommagen in Form von Schwarz-Weiß-Zeichnungen an seine Mailingliste schickt, um die Community auf den Tod einiger ihrer Mitglieder aufmerksam zu machen: „In den letzten Jahren haben DJ Patex, aber auch andere Künstler*innen des Kollektivs begonnen, sich in ihren Arbeiten mit dem Thema Tod auseinanderzusetzen. Es ist zweifellos ein neues Zeitalter angebrochen." Das Kollektiv war seit

7.2 →
Prospekt I (Die Invasion der Quadratwurzeln), School of Zuversicht, 2011 (Ausschnitt); Feldnotiz am Pudel Open Air für Patex, Zeichnung und Collage vor Ort vom Autor, digital, 16.07.2023

School of Zuversicht
DER DICHTER UND DER ZAUBERER
LUNAPARK
MITTELALTER
Absichten
Marianne Le Calvé 2023

WIRKLICH NETT SEHR NETT

langem zu einem Ort zum Leben geworden, im Laufe der Jahre wird es nun auch zu einem Ort zum Sterben.

Auf dem Feld treffe ich die gleichen Charaktere. Wir sind alle älter geworden, auch der Pudel, obwohl er mir seit seiner Renovierung noch nie so schick vorkam. Manche Veränderungen sind offensichtlich, andere subtiler: Die innere Struktur des Clubs und die Ausrichtung der Bar sind anders, genau wie Form und Farben des oberes Gebäudes, das nach dem Brand von 2016 komplett neu aufgebaut wurde. Seit der Corona-Pandemie sind die Besucherzahlen geringer, und damit auch die Anzahl der Öffnungsabende unter der Woche. Während ich diese Zeilen schreibe, ist der Pudel nur mittwochs bis samstags geöffnet. Meine französische Freundin Bertille, die nach einigen Jahren in der Bretagne wieder mit ihrem Sohn in Hamburg lebt, sagt: „Die jungen Leute kommen weniger hierher." Sie sagt, es sei ein Moment des Übergangs von einer Generation zur nächsten. Dadurch sei auch die Zukunft des Ortes und seiner Gemeinschaft ungewiss. Die drei Pfeiler des Teams, Charlotte, Viktor und Ralf, halten den Laden nach wie vor am Laufen. Ihr Engagement war maßgeblich für die jüngsten Entwicklungen, die Gründung des Vereins und der Stiftung, die Kapitalbeschaffung und den Wiederaufbau. Charlotte ist für die Open-Air-Veranstaltung verantwortlich und hat keine Zeit zum Plaudern. Viktor ist mit Ashraf, dem Sitar-Spieler, auf Auslandstournee. Im Monat zuvor war er in Ouagadougou für ein Theaterprojekt mit dem Goethe-Institut. Ralf hat sich kaum verändert, sein Haar ist nur ein wenig schütterer geworden, der Blick schweift manchmal etwas weiter in die Ferne und vielleicht ist er ein bisschen sympathischer, zumindest mir gegenüber. Sie haben weniger Energie und geben offen zu, dass sie die Verantwortung langsam abgeben möchten. Sebastian „Booty Carrell" ist schon vor langer Zeit nach München gezogen. Alex Solman, der Künstler, der die unverwechselbaren Visuals für Plakate und die Website des Clubs produziert, ist gut drauf. Er erzählt mir, dass er sich weiterhin als Illustrator über Wasser hält. Er wohnt noch immer in seiner Wohnung im Erdgeschoss, plant aber, mit seiner neuen Partnerin zusammenzuziehen. Ab und zu stellt er seine Arbeiten aus — er nennt es Künstlerleben „ohne Netz". Sein Lächeln spricht Bände, er freut sich offensichtlich, die Community an diesem Tag wiederzusehen. Ich erzähle ihm von diesem Buch, wir nehmen unser Gespräch nach zwölf Jahren wieder auf. Die Zeit, dieses geheimnisvolle Etwas, liegt wie ein zarter Schleier auf den Körpern und unseren Leben; das Wesentliche ist gleich geblieben, ein vorübergehend unterbrochener Faden einer herzlichen Beziehung.

Der Pudel hechelt leicht, ist ein wenig kahl geworden, trotz der Fassadenrenovierung und der leuchtenden Farben. Die Bewohner*innen der angrenzenden Gebäude, darunter mehrere luxussanierte Wohnhäuser, haben sich an die Ruhe der Corona-Jahre gewöhnt. Bei Lärm rufen sie jetzt schneller die Polizei, erzählt mir Viktor. In einem vor kurzem versendeten Club-Newsletter mit dem Betreff „Ein gefährlicher Ort, für wen?“ (29.08.2023) berichten die Organisator*innen, wie ihre POC-Security-Person von einer Polizist*innengruppe am Arbeitsplatz abgeholt und in Gewahrsam genommen wurde. Das geschah unter dem Vorwand einer anonymen Zeug*innenaussage, laut derer sie ihren Arbeitsplatz verlassen haben soll, um sich an einem Drogendeal auf einer oberhalb des Pudels gelegenen Straße zu beteiligen. Dies wird von den Organisator*innen des Clubs vehement bestritten. „Der Ort des Geschehens ist Teil eines Gebiets, das von der Politik als ‚gefährlicher Ort‘ (ex-Gefahrengebiet) eingestuft wird. Darin befinden sich u. a. der Park Fiction, die Hafenstrasse und eben der Pudel Club, welche traditionell die Idee eines diversen, unabhängigen, offenen und antiautoritären Miteinanders der Subkulturen und Communities, in dem Jede:r willkommen ist, vertreten. Mit dieser Einstellung sind diese Institutionen im gesamten Viertel gut verankert. Unserer Meinung nach missachtet die Polizei diesen Anspruch und tritt ihn nicht selten buchstäblich mit Füßen.“[→169]

Das Viertel verhärtet sich durch seine Gentrifizierung, die sich schon lange abzeichnet. Es bedurfte nur eines kurzen Moments erzwungener Ruhe (eineinhalb Jahre im Vergleich zu fast dreißig Jahren Aktivität), damit sich die Ohnmacht weiter ausbreitet. Die Lücke, die nahezu dreißig Jahre lang aktiv war, droht sich nun erneut für das Kollektiv zu schließen. Die sanfte Öffnung in die Stadt, die lange Jahre durch die Macht der Gewohnheit aufrechterhalten wurde — eine gleichermaßen gedankliche wie empfundene Gewohnheit, die Sichtweisen und Überzeugungen einer Nachbarschaft formt. In diese Lücke dringt heute die Polizei ein, die für die Ruhe der neuen Bewohner*innen sorgt, der Spekulant*innen und Investor*innen von außerhalb des Viertels, die von der Aussicht auf den Hafen und einem Park profitieren, der durch politische und künstlerische Aktivist*innenarbeit mühsam erkämpft worden war. Die Stadt kann die Fabrik ihrer Bewohner*innen und Bürger*innen sein, aber sie tendiert auch dazu, mit zunehmendem Rückgang öffentlicher Räume, die bedingungslos oder ohne Einschränkungen zugänglich sind, zu einer Art verschanztem Camp zu werden. Dann könnte der geringste Moment der Schläfrigkeit ausgenutzt werden.

[→169] Pudel Newsletter „Ein gefährlicher Ort, für wen?“ (29.08.2023) Siehe auch den Kommentar von Margit Czenki zur aktuellen Situation rund um Park Fiction: Smudzinski, Tatjana, „Ausstellung Gefährliche Nachbarschaften: Belastende Polizeipräsenz“, Die Tageszeitung: taz, 13. November 2022, sec. Nord. https://taz.de/!5892670/.

Kommen wir zu einem anderen Thema: Die DJ und Musikproduzentin Helena Hauff war zum Zeitpunkt meiner Untersuchung eine junge Resident-DJ des Pudels und ist mittlerweile ein Weltstar. Sie wird von den größten Clubs eingeladen, ist bei einem der renommiertesten Labels unter Vertrag und wird für ihre raue Ästhetik gefeiert — ein Sound, der von den von ihr bevorzugten analogen Vintage-Maschinen geprägt ist. Helena trägt stolz ein Anker-Tattoo auf ihrem Arm. Als „Kind" des Pudels hat sie im Club angefangen und ihre Praxis innerhalb der Gemeinschaft weiterentwickelt, vor allem dank der „MFOC" Partys. Wir kannten uns damals vom Sehen und ich erinnere mich, dass ich am Anfang eines noch ruhigen Abends ein Gespräch mit ihr hätte beginnen können. Sie stand mit ihren Freund*innen in der Nähe der DJ-Kabine, alle waren schwarz gekleidet. Ich war eingeschüchtert, da ich sie hübsch fand, und daher habe ich den Moment nicht ergriffen, um sie anzusprechen.

Als ich einige Jahre später in Hamburg ankomme, um meine damalige Freundin zu besuchen, treffe ich sie als Begrüßungskomitee für einen afroamerikanischen DJ, als ich mit dem Zug vom Flughafen in die Stadt fahre. Wir steigen in denselben Waggon, sie beachtet mich nicht. Sie konzentriert sich auf das Gespräch mit ihm. Sie sprechen über das Geschäft, erzählen sich Erlebnisse, ihren Werdegang, ein wenig Klatsch und Tratsch aus der Szene. Sie scheint viel über ihn zu wissen. Ich schließe daraus, dass er eine einflussreiche Person ist und dass sie ihre Hausaufgaben gemacht hat.[→170] Der Ton ist professionell, aber freundschaftlich. Er wird an diesem Abend im Club spielen. Sie wird für ihn eröffnen und dann lange mit ihm auf der kleinen Bühne hinter den Turntables stehen. Sie wird ganz vorne mit dabei sein, um zuzuhören und zu beobachten, seine Praxis in sich aufzunehmen und sich mit ihm anzufreunden. Er tritt weiter in ihr Netzwerk ein; sie in seines. Im Zug habe ich mir keine Notizen gemacht. Ich fühle mich ganz schön jämmerlich wegen meiner unangemessenen Neugier und ziehe ein paar Sekunden lang in Betracht, den Waggon zu wechseln — aber ich kann nicht anders als zuzuhören. Die erste Feldforschung lässt Ethnograf*innen nie wirklich los. Als Wesen des zeitlichen Abstands und der Synchronizität liefert sie uns oft das Material, um erneut über den unerwartetsten Moment nachzudenken, sie ist eine seltsame Instanz zwischen uns und der Welt.

[→170] Kyle Hall war nicht zu ersten Mal da. Siehe Will Lynch. ‚Golden Pudel: Die Welt Ist Eine Pudel'. *Resident Advisor* (blog), 22 Juli 2013. https://ra.co/features/1864.

Warum gerade jetzt?

Vielleicht berücksichtigt die Studie die (mögliche) Zukunft der Akteur*innen sowie deren Vergangenheit und Werdegang, weil sie zu einem Zeitpunkt geschrieben wurde, an dem der Forschende auf der Suche nach sich selbst ist. Wir erfahren, wie Akteur*innen einen Ort übernommen haben, dabei aber darauf achteten, Neuankömmlingen Raum zu lassen, und so eine echte Durchlässigkeit mit der Öffentlichkeit herstellten. Der soziale Raum wird von Logiken des Delegierens an und der Öffnung für andere bestimmt, aber auch ganz zentral dadurch, dass Personen, die darin ihre kreative Daseinsberechtigung finden, Verantwortung übernehmen. Durch ethnografische Studien und inspiriert von Autor*innen, die sich mit dem sozialwissenschaftlichen Begriff der Atmosphäre beschäftigt haben, werden Atmosphären als treibende Kräfte in den Beschreibungen etabliert. Berücksichtigen wir beim Erforschen eines Ortes die Atmosphäre, treten wir für einen Multiperspektivismus ein, durch den bestimmte subtile Formen des Seins — Begeisterung, Resonanzen und Intuitionen — als wirklich relevante Faktoren in die Analyse einfließen.[→171] Atmosphären werden nicht nur als Eigenschaften von Situationen etabliert, die ergiebig und voller Möglichkeiten sein können, sondern sie werden auch in die Lage versetzt, jene Möglichkeiten zu erzeugen und sie zu transformieren. Ich verwende in diesem Buch gelegentlich den Begriff „Errichtung" (instauration); er versucht, die Herausforderungen des Übergangs zwischen Möglichkeit und Verwirklichung dieser Möglichkeit zu erfassen. Wie David Lapoujade in Bezug auf Etienne Souriau und die philosophische Errichtung (instauration philosophique) schreibt:

„Infolgedessen bedeutet errichten, so etwas wie der Anwalt dieser noch unvollendeten Existenzen zu werden, ihr Sprecher oder, besser gesagt, ihr Existenz-Träger. Wir tragen ihre Existenz, so wie sie die unsere tragen. Wir machen gemeinsame Sache mit ihnen, vorausgesetzt, wir hören die Art ihrer Forderungen, so als würden sie danach verlangen, stärker, größer, kurz gesagt, realer gemacht zu werden. Diese Forderungen zu hören, in diesen Existenzen das Unvollendete zu sehen, bedeutet zwangsläufig, für sie Partei zu ergreifen."[→172]

[→171] Olivier Gaudin und Maxime Le Calvé, „La traversée des ambiances," *Communications,* no. 102 (24. Mai 2018), 5—23, https://doi.org/10.3917/commu.102.0005.
[→172] David Lapoujade, *Les Existences moindres* (Minuit, 2017), loc. 1256.

Die Studie erforscht unter diesem Aspekt, was ein Club hervorbringt und wie sich das Gefüge der Leben, die mit ihm in Kontakt treten, positiv verändert. Derartige Untersuchungen sind selten. Das mag daran liegen, dass mein Fachgebiet, die Sozialanthropologie, obwohl sie über die besten Instrumente verfügt, jene Dimension menschlicher Erfahrung zu erforschen, anscheinend darauf ausgerichtet ist, einen kritischen Blick auf alles zu werfen, was nicht in Ordnung ist — auf all das, was angeprangert werden muss. Dies geschieht übrigens auf sehr effiziente Weise, verleiht dem Vorhaben aber einen seltsamen Beigeschmack von Ressentiments und postkolonialen Schuldgefühlen, die ach so berechtigt sind. Heutzutage ist es schwierig, die Seriosität eines Forschungsvorhabens zu beweisen, wenn es nicht gerade um große Risiken für die öffentliche Gesundheit, Fundamentalismus oder aktuelle Umweltkatastrophen geht. Diese Kurzsichtigkeit vernachlässigt eine der historischen Säulen, die unsere Wissenschaft so bekannt macht: durch die Erforschung, wie die Dinge anderswo laufen, einen gesellschaftlichen Wandel anzuregen.[→173] Neben Meinungsverschiedenheiten über den Sinn unserer Bestrebungen stellen wir außerdem fest, dass die Kritik nicht mehr das ist, was sie einmal war, dass sie „an Zugkraft verloren hat" („run out of steam", so Bruno Latour[→174]). Das liegt insbesondere daran, weil sie zum Hauptvektor für die Verbreitung bissiger Diskurse geworden ist, die die Öffentlichkeit unter dem Vorwand von der Forschung ablenken, dass die Gedankenfreiheit der Proband*innen legitimer sei als das, was professionelle Forschende dazu sagen. Es ist vielleicht nicht unerheblich, dass dieses Buch auf Französisch geschrieben wurde, da die Entwicklung einer Kritik an jener Kritik seit den 1990er Jahren in Frankreich stattfand: mit den Arbeiten von Luc Boltanski und Laurent Thévenot, die den Ansatz ihres Lehrers Pierre Bourdieu in Frage stellten.[→175] Aber auch mit einer gewissen Neudefinition der Sozialwissenschaften durch eine Gruppe, die einerseits überwiegend von der Wiederentdeckung der Denker*innen des amerikanischen Pragmatismus und andererseits von den durch Isabelle Stengers und Bruno Latour ausgebildeten Wissenschaftsphilosoph*innen und soziolog*innen beeinflusst wurde. In diesem Kontext hinterlässt eine Studie über das Soziale kein „Trümmerfeld", sondern sie betrachtet ganz im Gegenteil die Art und Weise, wie das Soziale im Laufe von Situationen vollbracht und aufgebaut wird; oft zerbrechlich und stets zu hinterfragen, sodass es fortbestehen kann.[→176]

Wie McKenzie Wark in einem kürzlich erschienenen Essay feststellt, wäre eine soziologische Erforschung des Clubbing-Milieus nicht son-

[→173] Man kann sich aber natürlich für den Gegenwind unter anderem auf die Arbeiten von David Graeber beziehen, siehe insbesondere David Graeber und David Wengrow. *Anfänge: Eine neue Geschichte der Menschheit*. Übersetzt von Henning Dedekind, Helmut Dierlamm und Andreas Thomsen, 4. Druckaufl. (Stuttgart: Klett-Cotta, 2022).

[→174] Bruno Latour, „Why Has Critique Run out of Steam? From Matters of Fact to Matters of Concern", *Critical Inquiry* 30, no. 2 (2004), 225—48, https://doi.org/10.1086/421123.

[→175] *De la justification: les économies de la grandeur* (Paris: Gallimard, 1991).

[→176] Bruno Latour, *Changer de société, refaire de la sociologie* (Paris: La Découverte, 2007).

derlich ruhmreich: insgesamt eine Zwischenform aus jungen und weniger jungen gut gebildeten weißen Menschen aus der Mittelschicht, die sich gemeinsam in einer am Rande konstruierten Welt amüsieren, die aber mehr oder weniger mit der Konsumgesellschaft und ihren Praktiken — work hard, play hard — verbunden bleibt. Aber ist es wirklich diese Erkenntnis, die uns darüber unterrichtet, was dort passiert, und uns über die zu vollbringenden Künste an diesem Ort in Kenntnis setzt? Verändern wir unseren Blick auf diese Praktiken, so knüpfen wir auch an Michel de Certeaus Geste an, wenn er Kunst und Erfindungsreichtum einer Hausfrau beim Einkaufen thematisiert. Sie ist weder Entfremdete noch blinde Teilnehmerin des großen Irrsinns, den ihr die oft irreführende Werbung verkaufen will. Stattdessen verhält sie sich eher geschickt und neugierig, wenn sie im Rahmen ihrer Möglichkeiten etwas aus den Produkten macht, indem sie das, was ihr angeboten wird, durch manchmal verblüffende Zusammenstellungen für all jene, die an ihrem Tisch Platz nehmen, abwandelt und zusammenbastelt.[→177] Auch die Agenzien des Pudels schaffen sich ihre eigenen Welten aus dem, was ihnen gegeben oder gelassen wurde und was sie aus dem großen kulturellen, künstlerischen und theoretischen Durcheinander stibitzen. Ich habe im vorliegenden Text veranschaulicht, wie sie das Spektakel des Clubbings zweckentfremden, um dessen Nähte zu zeigen und sie nur leicht aufplatzen zu lassen. Das ist nicht immer scharfsinnig, aber oft ironisch, antiautoritär, wenn auch nicht komplett demokratisch, antikommerziell, aber pragmatisch im Bemühen um das Überleben: Der Pudel übt Kritik an der gedämpften Kritik. Oder, wie es der dezidiert militante DJ Patex so treffend formulierte: „Der Pudel ist zu cool, um politisch zu sein". Politik zu machen erfordert aber zunächst einmal, zusammen zu sein, und wenn das Zusammensein erfordert, „cool" zu sein, werden wir einige Vorurteile über politisches Handeln revidieren müssen. Zusammensein passiert dann, wenn wir die gleichen Anliegen haben. Allzu oft bedeutet es, gemeinsam gegen andere zu sein. Aber ins Gespräch zu kommen und die richtige Einstellung zu pflegen ist nicht einfach. Dazu bedarf es gemeinsamer Orte. Und Künstler*innen scheinen zunehmend davon besessen zu sein, solche gemeinsamen Orte zu schaffen, untergeordnete Orte, an denen das Unerwartete Raum hat, sich zu entfalten.

Innerhalb weniger Jahrzehnte hat sich die Aufmerksamkeit von Architekt*innen, Stadtplaner*innen und Designer*innen für den bebauten Raum auf die Beziehungen, die darin stattfinden, verlagert. Die Schriften von Étienne Souriau über das zu vollbringende Werk

[→177] Michel de Certeau, *L'invention du quotidien, tome 1: Arts de faire* (1980) (Paris: Gallimard, 1990).

erfahren heute noch mehr Zuspruch, weil der Begriff der Ungewissheit in der Arbeit dieser Forschenden und Praktiker*innen eine immer zentralere und operativere Rolle in den Diskursen und in der Praxis einnimmt. Die Projekte drehen sich heute um die Frage, wie man Gemeinschaften herstellt, also Orte, die offen für Selbstorganisation sind. Einige von ihnen, wie die Floating University und das Haus der Statistik von raumlabor berlin, wurden in Venedig mit dem Goldenen Löwen ausgezeichnet. Park Fiction, der selbstverwaltete Raum um den Pudel, war eines der Pionierprojekte. Die Vitalität solcher aus einer taktischen Vision heraus entstandenen Gemeinschaften bleibt fraglich: Ihre Glückseligkeit scheitert an einem genauen Verständnis der Möglichkeiten, die der Raum und die beteiligten Kräfte bieten; an dem, was heute als wicked problems bezeichnet wird, um daraus die Ressource eines Projekts zu machen, das an Schwung und politischer Relevanz gewinnt, um sich zuweilen als Institution zu etablieren. Es geht heute also nicht mehr darum, überkontrollierte Umgebungen zu entwickeln, wie es im Rahmen der „smarten" Städte zwei Jahrzehnte lang geschehen ist, sondern einen Weg zu finden, eine Situation zu antizipieren, in der das Ungewisse produktiv wird und Gemeinschaften selbst die Erforschung übernehmen, um sie weiterzuentwickeln. Und sie auf diese Weise nicht nur zu legitimieren, sondern sie darüber hinaus mit Neugierde auszustatten. Diese Entwicklung, die zum Teil von der Ethik und dem konzeptuellen Rahmen der Anthropologie inspiriert wurde, hat zu einer neuen Allianz zwischen Forschenden und Designer*innen geführt und die Art und Weise, wie wir heute bestimmte Forschungen durchführen, verändert.[→178]

Warum behaupten sich manche Initiativen und Gruppen besser als andere? Dieses kleine Buch über den Pudel liefert einige mögliche Antworten, ohne dabei ein Rezept oder eine Formel vorzuschlagen. Wir erleben mit, wie ein Anziehungspunkt in einem Viertel entund fortbesteht, der zwar nicht dem Allerweltsgeschmack entspricht, aber zweifellos eine treibende Kraft im Leben des Stadtteils und im Leben der ihn frequentierenden Menschen darstellt. Die Lehren, die wir aus dem ungewöhnlichen Erfolg von Park Fiction — dem Gemeinschaftspark mit Status eines Kunstprojekts — ziehen können, durch den der Pudel eine von der Stadt um die 2000er Jahre durchgeführte Immobilienentwicklungsmaßnahme überlebte, sind nicht vollständig ohne ein genaues Verständnis der an diesem Ort wirkenden Dynamiken. Letztere ermöglichten es lokalen Akteur*innen, ihrer Stimme den damaligen Nachdruck zu verleihen, sowohl in den Gesprächen am Verhandlungstisch als

[→178] In der Stadtplanung und Architektur des sozialen Designs: Praxisformen, die in den entsprechenden Berufsfeldern bereits seit langem bekannt sind (siehe insbesondere die bahnbrechenden Experimente von Simone und Lucien Kroll in Belgien).

auch beim Verursachen einer durch Open-Air-Konzerte genährten allgemeinen Begeisterung. Die Struktur, die anlässlich dieser ersten Bewährungsprobe mit dem Übergang von den ursprünglichen Gründern Rocko Schamoni, Schorsch Kamerun mit Norbert Karl zu den drei Personen, die den Club noch immer betreiben, geschaffen wurde, existiert bis heute. Sie hat sich durch schwierige Situationen jüngeren Datums herauskristallisiert und verstärkt — durch rechtliche Auseinandersetzungen, den Brand und Wiederaufbau. Die vorangegangenen Seiten werfen einen Blick auf die Voraussetzungen, unter denen Künstler*innen dabei eine Rolle einnehmen können — einen Ort, an dem „etwas entsteht und nicht nur konsumiert wird". Eine Handvoll „Kulturschaffender", die sich von Henri Lefebvres Gedankengut[→179] und situationistischen Praktiken inspirieren ließen, verwandelten eine Seemannskneipe in einen Ort der Transformation. Mit dieser „Brennkammer" ausgestattet wird das Kollektiv zur treibenden Kraft, die andere individuelle und kollektive Aktivitäten und Werke anzieht und sich selbst zu anderen künstlerischen Gemeinschaften auf nationaler und globaler Ebene katapultiert, die über ähnliche Dynamiken verfügen und sich gegenseitig inspirieren.

McKenzie Warks kürzlich erschienenes kleines Buch Raving, in dem es eher um den Besuch als um den Ort der elektronischen Musik selbst geht, setzt einige wichtige Meilensteine aus Sicht der Transgender Studies.[→180] Der Club ist einer der Orte, die die Gesamtheit von Praktiken unterstützen, durch die der Körper zum selbstbewussten Gefäß für eine andere Art der Selbstwahrnehmung und des Zusammenseins mit anderen wird.[→181] Diese Atmosphären lassen uns in das eintauchen, was sie als „Xeno-Euphorie" bezeichnet, eine Ekstase des Andersartigen und des Fremden. Die Pudel-„Freaks" können ein Lied davon singen.[→182] Die Voraussetzung dafür, dass an diesem Ort „etwas" entstehen kann, findet sich in diesem Buch in einem Satz wieder, den ich bei meiner Feldforschung fast wörtlich gehört habe, als sie Nick zitiert, einen ihrer Gesprächspartner, der selbst Forscher und praktizierender Raver ist: „It is all about who is coming to co-create the space, who you can gather so it will self-organize."[→183] Es überrascht also nicht, dass McKenzie lange Zeit mit dem situationistischen Erbe gearbeitet hat. Sie schlägt vor, den Rave als eine konstruierte „Situation" zu betrachten, die ihren eigenen Handlungswillen und ihr eigenes Bedürfnis in sich trägt:

> *„Drawing on the writings of the situationists, let's think of a rave as a constructed situation. A situation is where agency meets*

[→179] Siehe insbesondere Christoph Schäfer, *Die Stadt ist unsere Fabrik* (Leipzig: Spector Books, 2010).

[→180] McKenzie Wark, *Raving* (Durham: Duke University Press, 2023).

[→181] Vgl. Guillaume Robin, *Berghain, Techno Und Die Körperfabrik: Ethnographie Eines Stammpublikums* (Marburg: Büchner-Verlag, 2021).

[→182] „The freaks are alright" ist der Titel eines Videos, das 2015 in einer Zeit des Konflikts zwischen einem rechtmäßigen Besitzer des Ortes und dem Kollektiv veröffentlicht wurde. Darin sehen wir die kostümierte Pudel-Clique bei einer Prozession: Sie trägt ein Banner mit dem Vereinsemblem um das Gebäude und über die Fußgängerbrücke, die den Club mit den Docks verbindet. In der Performance lassen sich

> *concrete forms that shape its expression. A constructed situation brings a certain intention to how agency can express its willfulness, its need.“*[→184]

Ich habe mich in diesem Buch nicht auf den Rave, Drogen und nächtliche Trancezustände fokussiert, also auf jene Momente, in denen die Zeit bei ekstatischen Klängen, Euphorie und im Strudel der Begegnungen stillzustehen scheint und doch viel schneller vergeht.[→185] Mein primäres Interesse galt nicht den Substanzen und deren Gebrauch; für mich war die Freude über das Eintauchen in das gemeinsame musikalische Erleben wie ein Rausch und der Tanz ein Mittel, um das unaussprechliche Gefühl einer leibhaftigen Teilnahme und einer menschgewordenen Partizipation auszudrücken.

„Oft wird betont, dass die Ethnografie eine Wissenschaft sei, aber sie ist wahrlich eine Kunst“, sagte mir Laurence Caillet, eine Anthropologin aus Japan, die mich kurz vor ihrem Ruhestand in Nanterre unterrichtete. In ihrer Arbeit wird ersichtlich, wie Wissenschaft und Kunst zusammengeführt werden können: Die Fußnoten in ihrem Buch über den Alltag einer japanischen Familie können als Literatur gelesen werden, während der Haupttext die Arbeit der Ethnologie seiner Zeit „erledigt“, indem er die Muster und Strukturen des häuslichen Lebens analysiert.[→186] Damals wurde noch zwischen „zwei Sorten von Büchern“ der Ethnolog*innen unterschieden, jenen für das Kollegium und jenen für die Öffentlichkeit. Letztere war damals besonders versessen auf diese Andersartigkeit, die sie außerhalb der Zwänge ihrer Zeit reisen ließ.[→187] Diese Art der Trennung der beiden Texte hat ausgedient. Die Kunst und die ethnografische Wissenschaft treffen sich heute öfter im Text, aber auch im Einsatz visueller Mittel — und darüber hinaus, wenn es passt.

Für Ethnograf*innen ist die Rückkehr ins Feld immer auch eine Rückkehr zu sich selbst und dazu, wie bestimmte Wahlmöglichkeiten getroffen wurden — inspiriert durch Lehrmeister*innen, derer man sich anderswo bedient, manchmal sehr weit weg, weil die Werkzeuge, die einem zur Verfügung standen, oft nicht geeignet waren. Zum Pudel kehrte ich in Gedanken sehr oft zurück. Ich hatte dort wie nie zuvor den Ruf meines eigenen „zu vollbringenden Werkes“ gespürt: Seine Atmosphären formten einerseits meinen Blick, andererseits aber auch meine anthropologische Praxis, die ich als Performance betrachte. Durch ein Spiel der Zugehörigkeiten, also indem ich in das Netzwerk des Clubs eintrat, konnte ich mir Zugang zu meinem nächsten Feld, beim zeitgenössischen

die Codes eines bestimmten deutschen politischen Theaters ablesen, das unter anderem vom ebenfalls anwesenden Schorsch Kamerun entwickelt wurde, der bei dieser Inszenierung mit Helena Ratka Regie führte. *The Freaks Are Alright!*, 2015. https://www.youtube.com/watch?v=XTdazY30jvM.

[→183] Wark, *Raving*, 41.

[→184] Wark, *Raving*, 37.

[→185] Eine besonders differenzierte Auseinandersetzung mit diesem Thema findet sich bei Wark, die unter anderem die Künstlerin Jessica Dunn Rovinelli zitiert: „Ravespace is dissociation, pure id and pure superego and nothing else. It can provide space for existing within and without the body simultaneously, a state of freedom that requires endless re-extension. Hence the possibility of addiction, physical or

Künstler Jonathan Meese, verschaffen. Auch er beeinflusste meine Praxis — und ermöglichte es mir, auf anderen Wegen weiterzumachen, mit der ethnografischen Zeichnung ausgestattet, die ich in gewisser Weise im Pudel-Stil betreibe: naiv und selbstbewusst, farbenfroh, ein wenig ironisch. Und sehr atmosphärisch, wie mir oft gesagt wird. Dieses Buch heute zu veröffentlichen und die reflexive Rückkehr zum Pudel-Terrain zu vollziehen, ähnelt ein wenig einer Rückkehr in die Zukunft. Der Begriff „zu vollbringendes Werk" hat mich seitdem nicht mehr losgelassen, und Souriaus „Modi der Existenz" haben meine Arbeit weiterhin verfolgt. Warum erscheint dieses Buch heute, mehr als zehn Jahre nach meiner Untersuchung? Zunächst einmal, weil mich die darauf folgenden Jahre in meiner Intuition bestätigt haben: einen Weg zwischen Theorie und Praxis zu beschreiten und den „Prozess" der zu vollbringenden Praktiken und des Wissens zu erforschen.

Der Fall Pudel ermöglicht es mir heute, über Räume der Wissensproduktion nachzudenken; die Räume der Interdisziplinarität, in die ich als ein Anthropologe eingebunden bin, der mit Methoden der künstlerischen Forschung und des Designs mit Historiker*innen, Forschenden der Media Studies, der aber auch mit Biolog*innen, Physiker*innen und Kliniker*innen zusammenarbeitet. Die Art und Weise, wie Interdisziplinarität die individuelle Kreativität verschärft, ist eine unmittelbare Reaktion auf das, was Claude Bernard als „Nachtwissenschaft" bezeichnete: die Neugier und Serendipität dieser Momente am späten Abend oder frühen Morgen, in denen die Zeit stillzustehen scheint und die Welt um einen herum ist. Momente unvoreingenommener Neugier, in denen der kritische Geist ausgeschaltet werden kann, der Ideen im Keim ersticken würde. Das nachtschwärmerische Wissen ist schwer zu teilen: Sich einen Raum zu schaffen, um die Bedingungen für sein Aufblühen aufrechtzuerhalten, ist keine leichte Aufgabe. Dazu bedarf es der nahezu atmosphärischen Wirkung einer Konstellation aus mehreren Personen, die bestimmte Vorteile, die sich aus ihrer Autoritätsposition innerhalb eines Feldes ergeben, mit anderen teilen wollen und anderen die Freiheit geben, über disziplinäre Mauern hinweg zusammenzuarbeiten. Das ist aber noch nicht alles: Es geht darum, Menschen auszuwählen, die die Neugier der Gruppe schätzen und auf andere Felder übertragen können, um sie zu einer Kollektivangelegenheit, einem Banner oder einem Arbeitshorizont zu machen. Diese Arten, eine Gruppe zu bilden, habe ich in zahlreichen Projekten erforscht, bei denen ich mich nicht auf die Rolle des Beobachtenden beschränkt habe. Ich habe einige Pudel-Lehren übernommen, aber auch jene, die ich in den darauffolgenden

mental, the queer/trans sense of wellness, and the endless proliferation of new forms of movement alongside endless proliferation of stasis." Wark, *Raving*, 12.

[→186] Caillet, Laurence, *La maison Yamazaki: la vie exemplaire d'une paysanne japonaise devenue chef d'une entreprise de haute coiffure* (Paris: Terre Humaine, 1994).

[→187] Vincent Debaene, „Les deux livres de l'ethnographe. Ethnologie et littérature en France entre 1930 et 1955", („Die zwei Bücher des Ethnographen. Ethnologie und Literatur in Frankreich zwischen 1930 und 1955"), *Recherches & travaux (Université Stendhal-Grenoble 3. Equipe de recherche Traverses 19—21)*, 2013, 39—51. https://doi.org/10.4000/recherches-travaux.579.

Jahren aus meiner Mitarbeit im Team des Künstlers Jonathan Meese gezogen habe, und habe meine Praxis darauf ausgerichtet, zu kreativen Gemeinschaften beizutragen oder sogar neue zu bilden.[→188] Im Exzellenzcluster „Matters of Activity" fand ich nicht nur eine Forschungs- und Denkgemeinschaft, sondern auch einen Raum, in dem Neugier und interdisziplinäre Entwürfe gefördert werden[→189] — ein Beitrag, der mit dem übereinstimmt, was andere als Ethnografie „by design"[→190] bezeichnet haben. Ich konnte an einer konstanten und besonders reflexiven Bemühung teilnehmen, um die Infrastruktur für zwangsläufig unvorhersehbare Entwicklungen, Rückschläge und Kollisionen zu schaffen, die neue theoretische Rahmen schmieden. Gemeinsam haben wir unser Wissen angewandt, um uns Design und Geisteswissenschaften zunutze zu machen und uns zeitgenössische Forschungen in den Naturwissenschaften und der Medizin auszudenken, in diese einzugreifen und sie zu beeinflussen.

Auf das Feld zurückzukehren bedeutet, zurückzukehren, um die Person zu begraben, die man einmal war — und mit ihr die Ängste und Egotrips. Letztere waren für die Ausbildungszeit unerlässlich, die mit existenziellen Zweifeln, dem Wunsch nach Gruppenzugehörigkeit und der Angst, die eigene Verletzlichkeit zu enthüllen, durchsetzt war. Die Pudelisten hatten mich damals mit ihrem ironischen Talent und ihrer schelmischen Art sehr eingeschüchtert. Mir war nicht ganz klar, dass sie mir unter dem Deckmantel ihrer Spitzen und Respektlosigkeiten auch eine echte Einladung zukommen ließen. Später, in einem Gespräch mit Charlotte, sagte sie mir beim Laut-Nachdenken, dass sie überrascht sei, dass ich nicht bei Pudel „geblieben" sei, vielleicht gerade weil mein Profil als abgedrifteter Ethnograf und ungelernter Künstler gut in die Stellenbeschreibung passte, um als aktives Mitglied im Pudel aufgenommen zu werden.[→191] Zu bleiben hätte bedeutet, mich zu einem weiteren zu vollbringenden Werk zu bekennen: einer Karriere als Musiker; diese Sphinx, die mir lange Zeit ins Ohr geflüstert und oft die Frage gestellt hatte. Neu zu beginnen bedeutete, einen letztlich ebenso radikalen Weg zu wählen: den einer anthropologischen Praxis, die sich mit der künstlerischen Praxis kreuzt. Ein Weg, der in anderer Hinsicht sicherlich strenger und scholastischer ist, dem es aber nicht an einem gewissen absurden, ziemlich pudelistischen Elan mangelt. Die Rückkehr auf das Feld hat mir verdeutlicht, wie sehr dieser Schritt meinen Weg beeinflusst hat. Jene musikalischen Momente im Pudel zu zeichnen — aus der Erinnerung oder live — und mit Alex Solman zusammenzuarbeiten, um dieses Buch

[→188] Auch dass ich mich der Arbeitsgruppe um Sophie Houdart in Nanterre, unserem „Créalab", angeschlossen habe, war eine Möglichkeit, darüber nachzudenken, wie sich gemeinsame experimentelle Praktiken anfühlen und was sie uns hervorbringen lassen.

[→189] Wolfgang Schäffner, ‚Interdisziplinäre Gestaltung. Einladung in das neue Feld einer Geistes- und Materialwissenschaft', in *Haare hören — Strukturen wissen — Räume agieren. Berichte aus dem Interdisziplinären Labor Bild Wissen Gestaltung*, ed. Horst Bredekamp and Wolfgang Schäffner (Bielefeld: transcript, 2015), 199—212.

[→190] Luke Cantarella, Christine Hegel und George E. Marcus, *Ethnography by Design: Scenographic Experiments in Fieldwork* (London, New York: Bloomsbury Academic, 2019).

zu illustrieren, wäre damals undenkbar gewesen. Dank zahlreicher Wendungen des Weges, den ich durch meine erste Feldforschung eingeschlagen hatte, begann ich, mit diesem Medium zu arbeiten. Für den liebevollen und leicht scharfen Humor, der sich in dieser Arbeits- und Denkweise widerspiegelt, danke ich der Clique des kleinen goldenen Hundes.

7.3 →
Maxime wird pudelisiert.
Alex Solman, 2024.

[→191] Die Situation war damals umgekehrt, denn sie nahm mich für ein Hörspiel auf, das sie gerade für einen nationalen Radiosender komponierte. Meine Aussage kommt in der Version, die gesendet wurde, nicht vor. Das Hörspiel ist in jeder Hinsicht fantastisch und die beste Möglichkeit, in ein akustisches Patchwork aus Stimmen und Musikstücken einzutauchen, die vom Pudel erzählen. „Die Welt ist eine Pudel — Soundstories — Sendungen — 1LIVE", 17. Mai 2013, https://www1.wdr.de/mediathek/audio/wdr3/wdr3-hoerspiel/audio-die-welt-ist-eine-pudel---die-geschichte-eines-legendaeren-clubs-100.html.

Literaturverzeichnis

Akrich, Madeleine, Michel Callon und Bruno Latour (Hg.). *Sociologie de la traduction: Textes fondateurs*. Paris: Transvalor — Presses des mines, 2006.

Avantario, Michele, und Christoph Twickel (Hg.). *Läden, Schuppen, Kaschemmen: eine Hamburger Popkulturgeschichte*. Hamburg: Edition Nautilus, 2003.

Barthes, Roland. *L'Obvie et l'obtus: essais critiques III*. Paris: Seuil, 1992.

Barnes, J. A. „Class and Committees in a Norwegian Island Parish". *Human Relations* 7, Nr. 1 (1954): 39—58.

Bateson, Gregory. *Ökologie des Geistes: anthropologische, psychologische, biologische und epistemologische Perspektiven*. Frankfurt am Main: Suhrkamp, 1985.

—. *Naven: A Survey of the Problems Suggested by a Composite Picture of the Culture of a New Guinea Tribe Drawn from Three Points of View*. Stanford, Calif.: Stanford Univ. Press, 1958.

Becker, Howard Saul. *Kunstwelten*, aus dem Englischen von Thomas Klein; unter der Mitarbeit von Daniel Kulle. Hamburg: Avinus, 2017.

Berrendonner, Alain. *Éléments de pragmatique linguistique*. Paris: Éditions de Minuit, 1981.

Blok, Anders, Ignacio Farias und Celia Roberts. The Routledge Companion to Actor-Network Theory. London; New York: Routledge, 2019.

Böhme, Gernot. *Atmosphäre: Essays zur neuen Ästhetik*. Frankfurt am Main: Suhrkamp, 1995.

—. „The Art of the Stage Set as a Paradigm for an Aesthetics of Atmospheres". *Ambiances. Environnement Sensible, Architecture et Espace Urbain*, 2013.

Boltanski, Luc. *L'amour et la justice comme compétences. Trois essais de sociologie de l'action*. Paris: Éditions Métailié, 1990.

Boltanski, Luc, und Laurent Thévenot. *De la justification: les économies de la grandeur*. Paris: Gallimard, 1991.

Bonhomme, Julien. *Le Miroir et Le Crâne: Parcours Initiatique Du Bwete Misoko*. Paris: Éditions du CNRS, 2006.

Born, Georgina. „On Musical Mediation: Ontology, Technology and Creativity". *Twentieth-Century Music* 2, Nr. 01 (März 2005): 7—36.

Brecht, Bertolt. *Kleines Organon für das Theater*. Freiburg im Breisgau: Herder, 1966.

Burnard, Pamela. „DJ Cultures". In *Musical Creativities in Practice*, herausgegeben von Pamela Burnard, Oxford University Press, 2012.

Caillet, Laurence. *La maison Yamazaki: la vie exemplaire d'une paysanne japonaise devenue chef d'une entreprise de haute coiffure.* Paris: Terre Humaine, 1994.
Cantarella, Luke, Christine Hegel und George E. Marcus. *Ethnography by Design: Scenographic Experiments in Fieldwork*. London; New York: Bloomsbury Academic, 2019.
Certeau, Michel de. *L'invention du quotidien*, tome 1: Arts de faire. Paris: Gallimard, 1990. (Originally published in 1980).
Claveyrolas, Mathieu. *Quand le temple prend vie: atmosphère et dévotion à Bénarès*. Paris: Éditions du CNRS, 2003.
Davis, John. *People of the Mediterranean: An Essay in Comparative Social Anthropology*. Routledge & K. Paul, 1977.
Davis, Stephen und Peter Simon. „X-Ray Music: The Volatile History of Dub". In *Reggae International*, herausgegeben von Luke Ehrlich. New York: R&B, 1982.
Debord, Guy. „Théorie de la dérive". *Les Lèvres nues*, Nr. 9 (November 1956).
—. *La société du spectacle*. Paris: Gallimard, 1971.
Duvignaud, Jean. *Le don du rien: essai d'anthropologie de la fête. Monde ouvert*. Paris: Stock, 1977.
Garfinkel, Harold. *Studien zur Ethnomethodologie*. Herausgegeben von Erhard Schüttpelz, Anne Warfield Rawls und Tristan Thielmann. Übersetzt von Brigitte Luchesi. *Studien zur Ethnomethodologie*. Frankfurt, New York: Campus Bibliothek, 2020.
Gaudin, Olivier, und Maxime Le Calvé. „La traversée des ambiances." Communications, no. 102 (May 24, 2018): 5—23.
Gell, Alfred. Art and Agency: *An Anthropological Theory*. Oxford: Clarendon Press Oxford, 1998.
—. „Technology and Magic". *Anthropology Today* 4, Nr. 2 (1988): 6—9.
—. „The Technology of Enchangement and the Enchantment of Technology". In *Anthropology, Art, and Aesthetics*, herausgegeben von Jeremy Coote und Anthony Shelton, Oxford: Clarendon Press, 40—63, 1992.
Graeber, David, und David Wengrow. *Anfänge: Eine neue Geschichte der Menschheit*. Übersetzt von Henning Dedekind, Helmut Dierlamm und Andreas Thomsen. 4. Druckaufl. Stuttgart: Klett-Cotta, 2022.
Hall, Stuart (Hg.). *Resistance through rituals: youth subcultures in post-war Britain*. London; New York: Routledge, 2006.
—. „Race, Culture, and Communications: Looking Backward and Forward at Cultural Studies". Rethinking Marxism, 1992.
Hannerz, Ulf. *Exploring the City: Inquiries toward an Urban Anthropology*. New York: Columbia University Press, 1980.

Hebdige, Dick. *Subculture: The Meaning of Style*. London: Routledge, 1979.
Heinich, Nathalie. *De la visibilité: excellence et singularité en régime médiatique*. Paris: Gallimard, 2012.
—. *Ce que l'art fait à la sociologie*. Paris: Éditions de Minuit, 1998.
Hennion, Antoine, Übersetzung M. Rigaud und P. Collier. *The Passion for Music: A Sociology of Mediation*. London; New York: Routledge, 2020.
—. „Réflexivités. L'activité de l'amateur." *Réseaux* n°153, no. 1 (February 2, 2009): 55—78.
Herrmann, Michael, Hans J. Lenger, Jan Ph. Reemtsma und Karl H. Roth (Hg.). *Hafenstrasse. Chronik und Analysen eines Konflikts*. Hamburg: Verlag am Galgenberg, 1987.
Herzfeld, Michael. „Honour and Shame: Problems in the Comparative Analysis of Moral Systems". *Man*, New Series, 15, Nr. 2 (1. Juni 1980): 339—51.
Houdart, Sophie, und Olivier Thiery. *Humains, non-humains. Comment repeupler les sciences sociales*. Paris: La Découverte, 2011.
Høstaker, Roar. „Latour — Semiotics and Science Studies". *Science & Technology Studies* 18, Nr. 2 (2005): 5—25.
Hutchins, Edwin. *Cognition in the Wild*. Cambridge, Mass.: MIT Press, 1995.
Ingold, Tim. Lines: *A Brief History*. London; New York: Routledge, 2007.
Kroeber, A. L. *Style and Civilizations*. Messenger lectures on the evolution of civilization, Cornell: Cornell University Press, 1957.
Laing, Dave. *One Chord Wonders: Power and Meaning in Punk Rock*. England: Milton Keynes; Open University Press, 1985.
Lalande, André. *Vocabulaire technique et critique de la philosophie*. Herausgegeben von Société française de philosophie. Paris, France: Presses universitaires de France, 2010.
Latour, Bruno. *An Inquiry Into Modes of Existence*. Harvard University Press, 2013.
—. *Changer de société, refaire de la sociologie*. Paris: La Découverte, 2007.
—. *Reassembling the Social: An Introduction to Actor-Network-Theory*. OUP Oxford, 2005.
—. „Why Has Critique Run out of Steam? From Matters of Fact to Matters of Concern." *Critical Inquiry* 30, no. 2 (2004): 225—48.
—. *Pandora's Hope: Essays on the Reality of Science Studies*. Harvard University Press, 1999.
—. „Der Pedologenfaden von Boa Vista: Eine photo-philosophische Montage". *Räume des Wissens: Repräsentation, Codierung, Spur*, herausgegeben von Bettina Wahrig-Schmidt, Michael Hagner und Hans-Jörg Rheinberger, 213—264, Berlin: Akademie Verlag, 1996.

—. „On Technical Mediation“. *Common Knowledge* 3, Nr. 2 (1994): 29–64.

Lapoujade, David. *Les Existences moindres,* Paris: Éditions de Minuit, 2017.

Le Calvé, Maxime. „Ethnographie dans l’espace de la ‚Dictature de l’Art‘ de Jonathan Meese. Comment bien ‚laisser faire ce qui arrive‘“. Herausgegeben von Thomas Golsenne und Patricia Ribault. *Techniques & Culture. Revue semestrielle d’anthropologie des techniques,* Nr. 64 (2015).

—. „Invocations antagonistes: les atmosphères condensées de l’artiste Jonathan Meese“. *Communications,* Nr. 102 (2018): 153–167.

—. *Le Parsifal de Jonathan Meese: Enquête ethnographique sur un projet de mise en scène contemporaine,* Doktorarbeit, Paris Sciences et Lettres, 2018.

Leroi-Gourhan, André. *Le geste et la parole.* Paris: Albin Michel, 1964.

Lévi-Strauss, Claude. *Das wilde Denken.* Frankfurt am Main: Suhrkamp, 1968.

Löw, Martina. „The Constitution of Space: The Structuration of Spaces Through the Simultaneity of Effect and Perception“. *European Journal of Social Theory* 11, Nr. 1 (2009): 25–49.

Loza, Susana I. Global Rhetoric, *Transnational Markets: The (post)modern Trajectories of Electronic Dance Music.* Doktorarbeit, University of California, Berkeley, 2004.

Martinelli, Bruno. *L’interrogation du style: anthropologie, technique et esthétique.* Aix-en-Provence: Publications de l’Université de Provence Aix-en-Provence, 2005.

Ohrt, Roberto. *Phantom Avantgarde: eine Geschichte der Situationistischen Internationale und der modernen Kunst.* Hamburg: Editions Nautilus, [1989] 1997.

Piette, Albert. *Ethnographie de l’action: l’observation des détails.* Collection Leçons de choses. Éditions Métailié, 1996.

—. „Ontographies comparées: divinités et êtres collectifs“. *Ethnologie française* 40, Nr. 2 (2010): 357–363.

Racine, Etienne. *Le phénomène techno: clubs, raves, free-parties.* Paris: Imago, 2004.

Robin, Guillaume. *Berghain, Techno und die Körperfabrik: Ethnographie eines Stammpublikums.* Marburg: Büchner-Verlag, 2021.

Schamoni, Rocko. *Dorfpunks: Roman.* Reinbek bei Hamburg: Rowohlt Taschenbuch Verlag, 2004.

—. *Sternstunden der Bedeutungslosigkeit: Roman,* Köln: DuMont, 2007.

—. *Pudels Kern: Roman.* München: hanserblau, 2024.

Schäffner, Wolfgang. „Interdisziplinäre Gestaltung. Einladung in das neue

Feld einer Geistes- und Materialwissenschaft“. In *Haare hören — Strukturen wissen — Räume agieren. Berichte aus dem Interdisziplinären Labor Bild Wissen Gestaltung,* herausgegeben von Horst Bredekamp und Wolfgang Schäffner, 199—212. Bielefeld: transcript, 2015.

Schäfer, Christoph. *Die Stadt ist unsere Fabrik.* 1., Auflage. Leipzig: Spector Books, 2010.

Souriau, Étienne. Vorwort von Isabelle Stengers und Bruno Latour, Übersetzung von Thomas Wäckerle. *Die verschiedenen Modi der Existenz.* Lüneburg: Meson Press, 2015.

Spradley, James P., Brenda J. Mann, Übersetzung von Odette Gagné. *Les bars, les femmes et la culture: femmes au travail dans un monde d'hommes.* Paris: Presses Universitaires de France, 1979.

Stoichita, Victor Alexandre., Emmanuel Grimaud und Graham Jones. „Préambule“. *Ateliers d'anthropologie. Revue éditée par le Laboratoire d'ethnologie et de sociologie comparative,* Nr. 35 (10. Juni 2011).

—. *Fabricants d'émotion: musique et malice dans un village tsigane de Roumanie.* Nanterre: Société d'Ethnologie, 2008.

Thibaud, Jean-Paul. „L'horizon des ambiances urbaines“. *Communications,* Nr. 73 (2002): 185.

Ward, Jennifer. „Enacting the Different Voice: Christa Klages and Feminist History“, in Sara Friedrichsmeyer und Patricia Herminghouse (Hg.), *Women in German yearbook: feminist studies in German literature & culture.* Vol. 11. (Lincoln, Neb.; London: University of Nebraska Press, 1995).

Wark, McKenzie. *Raving.* Durham: Duke University Press, 2023.

Willis, Paul. *Profane Culture.* Routledge & K. Paul, 1978.

Zusätzliche Quellen

Classen, Maja. *Feiern*. Dokumentar, 2006.

Cornils, K. „Golden Pudel: ‚Hamburg weint' — und die Welt weint mit", *Groove*, 15.02.2016. https://groove.de/2016/02/15/golden-pudel-club-hamburg-weint-ralf-koester/

Gaier, Ted, Melissa Logan, Rocko Schamoni, Peter Lohmeyer, Tino Hanekamp und Christoph Twickel „Manifest: Not In Our Name, Marke Hamburg! — Recht auf Stadt, Plattform fuer stadtpolitisch Aktive", 2009, zugegriffen 29. März 2024, http://wiki.rechtaufstadt.net/index.php/Manifest_Not_In_Our_Name,_Marke_Hamburg!.

Khatib, Sami. „Operation Pudel", *De:Bug Magazin,* n°108. 10.02.2007, http://de-bug.de/mag/4601.html.

Lynch, Will. „Golden Pudel: Die Welt Ist eine Pudel". *Resident Advisor* (blog), 22.07.2013. https://ra.co/features/1864.

Prizkau, Anna. „Pudel Art Basel: Klamauk auf hohem Niveau." *Art-magazin.de,* 31.08.2009. zugegriffen 14.12.2012.

Reier, Sebastian, und Tamara Lehna. „Hier kommt Rüftata 110". *Die Zeit,* 19.05.2006. https://www.zeit.de/online/2006/21/bildergalerie-ruefta.

Schaefer, Daniel „Warum der Golden Pudel Club weiter ums Überleben zittert", *Abendblatt,* 26.10.2016. http://www.abendblatt.de/hamburg/hamburg-mitte/article208501499/Warum-der-Golden-Pudel-Club-weiter-ums-Ueberleben-zittert.html.

Pudel-Newsletter (kollektiv) „Ein gefährlicher Ort, für wen?" schnauze@pudel.com, 29.08.2023.

Pudel-Newsletter (kollektiv) „Niveau ist ein Frage von Stil und Trends werden hier hartnäckig ignoriert." schnauze@pudel.com, 24.01.12.

Smudzinski, Tatjana, „Ausstellung Gefährliche Nachbarschaften: Belastende Polizeipräsenz", *Die Tageszeitung: taz,* 13. November 2022, sec. Nord. https://taz.de/!5892670/.

Twickel, Christoph ‚Golden Pudel Club: Dachschaden', *Die Zeit,* 06.04.2016. http://www.zeit.de/2016/15/golden-pudel-club-brand-streit-ruine-hamburg.

Van Houtem, Lisa. „Ralf Köster", *Freunde von Freunden* (blog), 13.07.2012. http://www.freundevonfreunden.com/interviews/ralf-koster/.